中国企业「出海」实践

郑祖波 著

立信会计出版社
LIXIN ACCOUNTING PUBLISHING HOUSE

图书在版编目（CIP）数据

启程：中国企业"出海"实践 / 郑祖波著 . —上海：立信会计出版社，2024.4
ISBN 978-7-5429-7531-7

Ⅰ.①启… Ⅱ.①郑… Ⅲ.①企业—国际市场—市场竞争—研究—中国 Ⅳ.①F279.2

中国国家版本馆 CIP 数据核字（2024）第 026531 号

策划编辑　彭　琳　胡　越
责任编辑　胡　越
美术编辑　吴博闻

启程：中国企业"出海"实践
QICHENG ZHONGGUO QIYE CHUHAI SHIJIAN

出版发行	立信会计出版社			
地　　址	上海市中山西路 2230 号	邮政编码	200235	
电　　话	（021）64411389	传　　真	（021）64411325	
网　　址	www.lixinaph.com	电子邮箱	lixinaph2019@126.com	
网上书店	https://lixin.jd.com		https://lxkjcbs.tmall.com	
经　　销	各地新华书店			

印　　刷	上海华业装璜印刷有限公司
开　　本	710 毫米 × 960 毫米　1/16
印　　张	14.25
字　　数	205 千字
版　　次	2024 年 4 月第 1 版
印　　次	2024 年 4 月第 1 次
书　　号	ISBN 978-7-5429-7531-7/F
定　　价	65.00 元

如有印订差错，请与本社联系调换

序 一

知行合一，止于至善

我在山东大学管理学院任教时的学生郑祖波写了这本书，并请我作序。郑祖波在校期间学习刻苦、善于思考的特点令我印象深刻，他这份对母校及老师的信任令人感怀。他长期就职于信息行业并深谙海外业务的拓展规律，在不断实践的基础上进行了深入系统的思考。这是对"知行合一"的最佳践行：在实践中学习，在思考中行动，去争取最好的结果。正如彼得·德鲁克讲的那样：管理是一种实践，其本质不在于知，而在于行；其验证不在于逻辑，而在于成果。其唯一的权威性就是成就。

中国企业"出海"，从低附加值的传统制造到高附加值的高科技产品，这是一个巨大的跳跃和挑战。作者所处的行业属于高科技行业，不但面临业务"出海"的诸多困难，而且还要面对各种不可预知的国际贸易大环境的变化。在这种情况下，中国的企业"出海"更需要周密规划，谨慎决策，互相借鉴，尽量减少弯路和不必要的资源浪费。作者能够将自己的海外业务经历进行总结，并提出自己的方法和方案，对于其他同类企业肯定有借鉴价值。

其实企业"出海"的著作不可谓不多，但大多是总结成绩和宣传公司，而直面问题、剖析原因的书相对较少，进而基于问题提出应对方案的就更难以觅寻。作者这种直面问题的勇气是值得肯定的，有问题并不一定是做得不好，面对问题才是解决问题的前提，而问题的不断优化才是组织得以不断进步的原动力，也是组织始终保持清醒与活力的表现。

在内容上，本书基本涵盖了中国企业"出海"业务管理的主要方面，既有战略规划层面的思考，也涉及了客户、渠道、项目等具体的业务管理内容，还以独特的视角对组织和人力资源管理进行了论述。这些观点由于都是基于作者自身工作的思考，观察的视角不同，侧重的点不一样，不可能方方面面都涉及——而这恰恰可能是本书的独特之处。我们希望每一位职业经理人都能够对企业管理的问题从不同视角去观察和思考，这些新的视角可能就会产生新的发现和思想。

我曾经先后主持或参与中国企业500强中几十家企业的管理咨询项目。在企业访谈交流时，针对不同职能的管理者，在问到企业业务推进中存在哪些问题、有哪些好的建议或方案时，能把这两个问题连接起来回答清楚的人并不多。这说明我们在工作中缺少系统性的思考，在忙碌中没有静下来反思和"复盘"，而这是我们企业无论发展规模多大，都需要时刻注意的问题。

法国思想家帕斯卡尔曾经说过，人只是一根芦苇，是自然界最脆弱的东西，但这是一根会思想的芦苇，而人之为人的全部优点，就在于我们能够思想。今天，对于我们大部分人来说，思想好像成了一部分人的职业分工，是一些思想者在做的工作。我们大部分人则自动放弃了思想的乐趣和自由。其实每一个优秀的职业经理人都应该成为职业思想家！因为所有管理思想都是源于实践，所有管理理论体系的形成也都是源于不断的思考、总结和沉淀。很欣慰能够看到这种基于实践的探讨，这些探讨都将有助于中国企业提升核心竞争力，加快建设世界一流企业的步伐。

山东大学新闻传播学院党委书记、企业文化研究中心主任

教授、博士生导师

王德胜

2023年10月20日

序 二

海外市场开拓的"术"与"道"

中国企业要开拓海外市场，面临着诸多与国内市场不同的不确定性和复杂性。既有市场因素，如不同国家市场的客户需求特点不同，竞争的态势与结构不同，以及维持市场正常运转的法律法规体系不同；更有社会政治因素，如国家安全的考量、民粹主义的兴起、社会阶层的分化等。这就给我国企业开拓国际市场带来了更多的难题。

对如何开拓国际市场这一问题，国内外的营销大师们已经形成了系统的理论与方法，编写了诸多国际营销学的教科书供商学院的学生学习。这些系统的理论与方法就是"道"。但是，光有"道"并不能让企业的营销者能真正有效地开拓国际市场。商学院的学生学了再多的国际市场营销之道，如果不懂得结合各国市场的实际进行灵活运用，不可能取得好的成效。因为管理既是一门科学，又是一种艺术。但是，怎样才能把科学与艺术结合起来？

本书作者郑祖波长期在一家大型IT企业从事海外业务开拓工作，多年的工作实践使他积累了很多经验与教训。这些经验与教训就是海外市场开拓的"术"。郑祖波运用国际营销的"道"对大量（包括他自己，也包括他人）海外业务开拓的成功与失败的"术"进行分析梳理，从而形成了一本既有理论高度，又有实操指导意义的企业海外市场开拓的

"业务指南",很好地把"道"与"术"结合起来,实现科学与艺术的结合。

本书的理论价值在于应用商学院的理论与方法对企业大量的经验与做法进行分析,但不拘泥于商学院教科书的条条框框,从而形成了作者自己的理论分析框架。作者认为,企业开拓海外业务首先要进行顶层设计,这个顶层设计就是要明确企业海外业务开拓的指导思想,对自己企业有清晰的定位,选择正确的目标市场与销售模式,形成企业的市场竞争优势。有了好的顶层设计,才能做好海外业务的各项具体管理工作,即海外客户开拓、海外渠道管理和海外业务管理。

关于海外客户的开拓,作者首先提出了衡量客户开拓的三个维度,即客户的广度、深度和黏度。对于如何开拓客户,作者提出要根据产品属性、文化、品牌影响力、销售人员能力、客户属性等因素采用不同的开拓方式,作者总结了客户开拓的各种突破路径,并在此基础上形成了开拓海外客户的突破模型。为了有效开展客户管理工作,作者提出要通过客户挂图来了解客户的需求与竞争的态势,形成突破的路径和方法,明确客户开拓的阶段目标和工作计划。关于海外客户的开拓,作者还着重阐述了老客户的维持与放弃和新客户的开拓这两个重要的决策问题。

关于海外渠道的管理,作者不拘泥于教科书关于渠道策略管理的理论阐述,而是根据自己的经验与体会,总结了关于海外渠道体系建设、渠道开拓方法、渠道关系管理、渠道生态建设等问题。这些阐述既是经验的总结,也十分契合营销学的原理。比如,作者批评了海外渠道体系设计常见的一些问题,包括脱离实际、复杂而无效、追求数字而非业绩等。因此,作者提出海外渠道体系的设计要回归促进销售的本质,企业要做的工作就是要为招募和退出设定规则、为激活和扩大规模设计激励、为利益和持续提供保护、为能力和投入培训认证、为覆盖和生态进行推广、为满意和效率完善工具。在渠道关系管理上,作者提出,被动等待不可能有真正的合作,要"以战促和"。作者提出,厂商对于渠道要具备更长远的眼光,渠道不仅仅是卖产品,渠道业务的本质是要逐步建立生态合作体系,即形成所谓的"圈子"。

对于海外业务的管理工作，作者特别强调了海外业务管理框架的建立，并提出了业务管理的原则，着重介绍了海外业务管理应坚持虚实结合原则，以提升海外业务管理能力。在此基础上，作者提出要通过对海外项目进行复盘，真实地还原项目的运作过程，总结项目成功的经验和项目存在问题的原因，提出今后改进的措施。

对于做好海外业务支撑，实际上有很多工作需要开展，但作者根据自己的经验，特别强调了人力资源管理与组织管理工作的重要性。关于人力资源管理工作，他根据自己十多年的海外业务开拓和管理的经验，指出海外业务能否做起来，核心是"国代"（即公司派出到一个国家的业务负责人）。对于"国代"，他认为要做好选择与培养、评估与调整、授权与约束的工作。而对于海外业务组织管理，作者提出，当海外业务的销售绩效不好时，需要进行组织变革，但如何进行组织变革，需要把握好合适的度。作者总结，对于各种流程、模板、步骤、工具等以经验和技巧为基础的管理方法，需要以开放的心态学习借鉴，并不断提升和优化。对于策略、能力、模式、方法等以自身实践为基础的沉淀和总结，必须坚持实践出真知的原则。对于文化、原则、方向等根本性的组织属性，要坚持一贯性，不能随便变革。

该书关于企业如何开拓海外业务，还有很多精彩内容。以上我仅对其中一些比较有见地的、能启迪人们智慧的论述作了介绍。该书是作者多年海外业务开拓经验的总结，也是作者多年来对我国企业从事海外市场开拓的观察与思考的结果，从这个意义上说，这是企业如何开拓海外业务的"术"。特别是书中很多具体的分析模型、评估量表、工作程序和工作流程表，更是为企业的实际工作者提供了具有可操作性的工作指南。作者对自己工作的经验和观察的结果进行了理论化的梳理，从而使管理的艺术上升为具有普遍指导意义的管理科学理论。该书得出的研究分析结果给人耳目一新的感觉。相信该书的一些观点和思想能给读者，特别是从事海外业务开拓的营销人员带来一些新的感悟。

当然，该书的阐述也有一些不足。对于企业如何开拓海外市场业务，还有很多要解决的问题，如产品开发问题、技术支持问题、价格策略问题、信息沟通问题等，这些问题对于企业如何开拓海外市场都十分重要，但作者在该书中所涉不多。这并不意味着作者认为这些问题不重要，因为该书毕竟不是一本关于海外市场开拓的教科书，对内容的阐述不可能面面俱到。作者主要根据自己的经验和平时的观察，把感悟和体会与读者分享。如果读者通过该书能使自己对海外市场业务开拓的认识更有条理，思路更开阔，该书的写作目的也就达到了，也就没必要要求内容面面俱到了。

厦门大学教授
林志杨
2023 年 10 月 22 日

序 三

中国企业的海外可持续发展

非常荣幸能够为这本书写序。

看到这本书题目的时刻,我想到在联合国开发计划署驻华代表处(UNDP China)工作时的一些内容。作为联合国最大的发展机构,UNDP 自 1979 年进驻中国后,见证了中国举世瞩目的发展成就。无论是脱贫攻坚,还是绿色发展,中国在借鉴世界先进发展理念和经验的同时,也用自身的实践走出了一条有特色的发展道路。很多新兴经济体及发展中国家的官员在访问代表处的时候,无一例外对中国的发展故事充满了兴趣。

在中国发展取得长足进步的同时,UNDP China 的工作重心也在逐步调整。我们从外援的分发和项目执行,更多转向促进南南合作,提升中国与世界的进一步交流,包括以中国的发展经验为例,总结和传播先进的可持续发展理念、模式和机制。随着中国企业更多地迈出国门,如何充分利用中国海外投资,促进当地可持续发展目标(Sustainable Development Goals)的实现,成为了重要议题。

当前,将对环境、社会和治理结构(Environmental, Social and Governance,ESG)的理解整合进核心的商业模式已成为企业可持续发展的必然趋势。近几年,代表处就此话题发布了一系列报告,关注中国企业的海外可持续发展。这些报告通过问卷调查、访谈等方式，收集了近百家中国企业在海外的实践数据和案例，分析了中国企业从就业、技术转移、基础设施建设、产业发展及绿色环保等方面，对东道国在经济、社会和环境等方面带来的影响。同时，报告指出了中国企业走出去面临的诸多挑战，并提出了相应的政策建议。

报告一经发出，就受到了很多关注，引发了强烈反响。诚然，国际社会对中国企业在海外的运营在很多时候存在一些误解。这种现象的造成，有一部分可能归因于企业信息披露的力度不足。然而，究其根本，是因为我们的企业对自身管理经验的总结不足，进一步导致了信息披露方面的短板。

因此，中国企业的海外可持续发展是一个很有"魅力"的话题，有很多空间留给广大的机构、学者和实践者去进一步讲述和描绘，为这个空白增色添彩。

这本书的撰写恰逢其时，是对中国企业海外发展问题和经验的积极探索总结。不同于已有的文献，本书更多基于个人多年的实践经验和积累，对中国企业海外发展中存在的问题作出了总结，并提出了相关的思考。这是一部有开创性的作品，其中的诸多反思和建议，相信对很多积极寻求在海外可持续发展的中国企业来说，都有借鉴意义。

这本书无疑是一块基石，我期待由其引发更多有意义的讨论，包括中国企业如何在海外可持续性发展，如何在海外更好践行 ESG 的探索等。

前任联合国开发计划署驻华代表处经济专家
现任新开发银行气候专家
郑元
2023 年 10 月 12 日

目　录

| 开　篇 | …………………………………………… 001 |

一、路径引领，启程海外 …………………………… 002
二、不确定性下的海外业务思维 …………………… 007

第一章　海外顶层设计 …………………………………… 015

一、如何对海外业务进行顶层设计 ………………… 016
二、清晰定位海外业务所处的阶段 ………………… 019
三、本土化是一个系统化设计 ……………………… 023
四、谋篇布局，科学决策 …………………………… 028
五、如何做好海外业务规划 ………………………… 035

第二章　海外销售模式 …………………………………… 045

一、销售的成功在于销售模式选择的成功 ………… 046
二、在统一性和多样性之间取得平衡 ……………… 053
三、对合作伙伴的三个"再认识" ………………… 058
四、为什么要重视软性竞争力的建立 ……………… 063
五、如何利用并购合资这种开拓模式 ……………… 069

第三章 海外客户开拓 ········· 075

一、客户开拓"三度论":广度、深度、黏度 ········· 076
二、建立海外客户突破路径和模型 ········· 082
三、如何进行有效的客户挂图作战 ········· 089
四、决策:到底是选择坚持还是放弃 ········· 096
五、新趋势下新客户的持续拓展 ········· 102

第四章 海外渠道合作 ········· 111

一、渠道体系设计的核心 ········· 112
二、以战促和,实现突围 ········· 117
三、渠道开拓步骤 ········· 122
四、海外分销业务的困局和方案 ········· 128
五、逐步建立生态与圈子是渠道业务的根本 ········· 134

第五章 海外业务管理 ········· 141

一、海外业务管理体系设计 ········· 142
二、海外业务管理的虚虚实实 ········· 148
三、我们对项目进行有效复盘了吗 ········· 154
四、如何解决后台主动营销落地的问题 ········· 159
五、如何看待海外业务流程悖论 ········· 166

第六章 海外人力与组织保障 ········· 175

一、海外业务的核心是"国代" ········· 176
二、如何评估海外业务的"空降兵" ········· 180
三、如何才能建立有效的海外人才蓄水池 ········· 185
四、为什么要重视产品营销思维 ········· 190
五、如何对海外组织进行变革 ········· 195

后 记 ········· 201

致　谢	207
英文术语表	209
参考书目	212

开篇

开篇主要介绍了本书的逻辑结构和主要内容，同时谈到了不确定性下的海外业务思维，也是本书的思维模式。

开篇主要分为两部分，第一部分是对本书内容的介绍，借用屋顶理论，将本书所论述的内容纳入一个完整的思考框架，便于整体思考海外业务；第二部分是不确定性下的海外业务思维。海外业务思维包括：全球化的思维，放眼人类历史长河，我们依然还处于全球化的进程中；随机性的思维，即在波动中寻找机会；模式创新思维，创新也是一种市场开拓方式；安全合规思维，即以长远眼光进行区隔性业务设计；最后回归到销售业务的本质，坦诚和信任。

一、路径引领，启程海外

屋顶理论是由联想集团柳传志提出的，他在美国哈佛商学院解释这一理论时说，管理是分层次的，好像一个房子，分为屋顶、墙体和地基三部分。屋顶图是一个思考框架，我也借用这个框架用于系统思考海外业务，建立海外业务思考屋顶图（图0-1）。

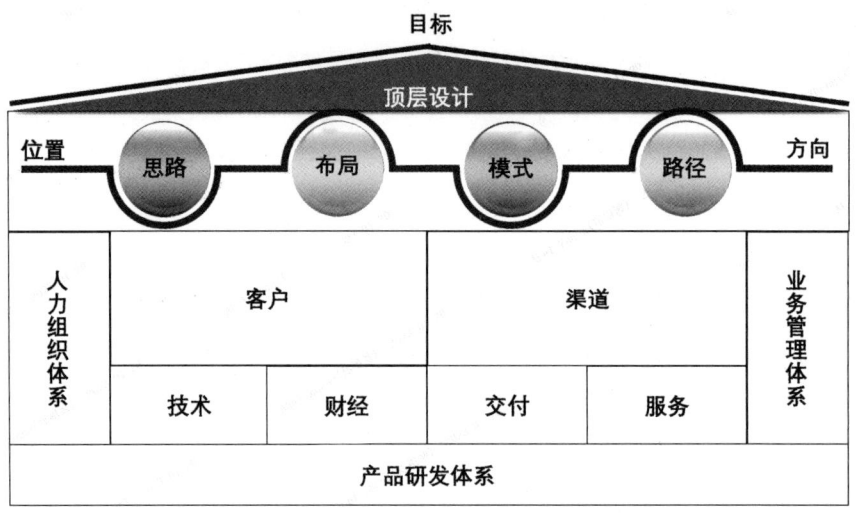

图0-1 海外业务思考屋顶图

路径引领

屋顶是海外业务目标，目标要能起到引领作用。要把公司目标与员工个人的目标建立关联，如果不知道实现公司目标对个人意味着什么，能带来什么，目标的引领作用就不大。

我认为必须进行顶层设计，并设置专门章节讲述顶层设计，顶层设计更多是思想层面的明确，以及在此基础上的队伍建设。也就是公司要把目标引领变成路径引领，将队伍统一到相同的认知上来，秉持同样的原则，遵循类似的路径。可能每个国家的情况不同，但是知道适合于自身的模式、方法，并将注意力归拢到如何做事上来，知道如何做事能够成功，事情成功了就能实现个人价值，目标自然就变成可以预期的指引。

路径引领的出发点是我们现在处于什么位置。从个人角度是自知之明，从业务角度就是定位。如果不清楚位置就界定不清楚问题，井底之蛙永远无法了解外面的世界。位置决定了当前阶段的特征，初级阶段与高级阶段不同，路径就不同。从当前位置出发向正确的方向迈进，这就是路径引领。

路径的内涵包括几个方面：第一个方面，选择哪个市场，即市场布局问题，这是选择决策问题，选择依据是什么，是聚焦还是发散，是坚持还是放弃，如何评估和调整；第二个方面，本土销售组织如何设计，是本土化还是外派，本土化对我们意味着什么，具体哪些职能要本土化，与本土化配套的管理体系是什么；第三个方面，选择什么样的销售模式，销售模式是行动指南，影响销售成败，是直接销售还是通过合作伙伴，是统一还是因地制宜，如何定位合作伙伴，如何看待分销；第四个方面，突破之后如何建立持久的竞争优势，只有建立持久的竞争优势才能算真正突破；第五个方面，如何利用并购合资这种业务开拓手段。

以上内容将在第一章和第二章展开讲述，从不同层面论述路径引领的内容，这就是海外业务的顶层设计，也是对海外业务的基本认识，而这些认识会直接决定后续业务中的各项决策。

这些内容读起来可能会比较枯燥，对于市场营销或管理类书籍，我们习惯了要么是理论性的，要么是故事性的，要么是工具性的，而思想层面的相对较少，因为思想层面的内容让人感觉比较空洞，或者比较务虚。但恰恰是这些思想影响了各种决策、行动和结果。我认为华为在业务上的成功就是任正非提出的各种管理思想的成功。任正非曾经说毛泽东是他的精神导师，毛泽东正是一位擅长思想建设的伟人。

比如市场选择，我们经历过盲目的选择，不知道为什么选择，选择了又放弃，放弃了又开始；比如本土化，我们推行过支持职能向前端移，或者建立与本地机构的合作，职能进业务，融入本地，又调整成职能进入总部平台，本土化职能淡化；比如销售模式，我们强调过必须瞄准直接客户，不鼓励渠道销售，又调整为依赖于渠道，并大力发展分销商，而销售自行成功探索了厂商加代理的销售模式；比如竞争优势，认为我们的竞争优势是产品、是研发设计、是价格、是交付，不明确核心优势到底是什么，而对于建立及保持人和服务的优势基本上很少提及；比如并购合资，我们曾经鼓励并购合资，但是由于标的物评估推进不顺，渐渐对此路径不再关注，公司也没有负责并购合资的评估和决策机构，且决策机制没有建立，决策评估流程冗长，依靠销售端随机性地推进很难有实质进展。这里的"我们"，并不是说我所在的工作平台，而是代表了中国大部分"出海"企业。

而所有这些思路的反复都会造成资源的巨大浪费，关键是时间的浪费。海外业务发展的黄金（战略）窗口期并不长，开篇"不确定性下的海外业务思维"中提到的外部不确定性的影响，也包括公司内部健壮的财务支撑能力的黄金期。2016年1月13日，在华为市场工作大会上，任正非提出，华为要抓住战略机会窗。敢于在这个机会窗开启的时期，聚焦力量，密集投资，饱和攻击。虽然机会窗的含义不同，但基本的道理相同，战略机会窗并不是一直存在，应统一思想，抓住战略机会窗。

海外业务开拓和管理

海外业务主要是围绕客户和渠道，以及来自直接客户和渠道的项目管理展开，这是业务开拓和管理的三个主要内容。我们把客户开拓和渠道合作以销售行为的角度单独进行介绍，把项目管理放在海外业务管理中，是为了强调我们的销售行为必须围绕客户和渠道，而不是围绕项目。如果我们把客户和渠道做好了，项目自然而然就来了，业务就可以延续了。如果没有客户和渠道的基础，只是一个个碰运气的项目，业务不可能做起来。

海外客户开拓是关键销售行为之一。首先我们要以全面的思维去认识客户开拓，要具备广度、深度、黏度"三度"思维，以保证业务的稳定性和连续性。在具体客户的开拓上，要总结不同的突破路径和模型。在过程管理上，要持续有效地进行客户挂图。这里有两个决策问题：一是老客户的坚持和放弃，二是新型客户拓展。销售业务本质可以理解为三个步骤，即选择、突破和持续。突破要建立在价值之上，持续即不断建立竞争优势。

海外渠道合作是另一项关键销售行为。首先，我们要想清楚海外渠道体系，即要有体系化的设计思维，不能任务化、片段化，设计的体系要简单高效，秉持实事求是的原则和支持思维。销售也要有正确的渠道开拓思维和方法，其中一个思维是"以战促和"，被动等待不可能有真正的合作；另一个思维是培育渠道，忠诚的渠道是培育出来的，要长期经营渠道。随后，本书单独论述了分销这种业务模式，这是个困局，是中国企业"出海"还没有走出来的困局。要走出困局，我们必须认清和分析事实，基于事实寻找出路。最后，回到渠道的根本，建立渠道就是建立生态和圈子，我们对渠道一定要有更长远的眼光，渠道不仅仅是卖货，而是选择合作伙伴。

从销售端的视角，海外业务管理可以理解为日常的销售业务管理行为，从后台职能角度来讲，海外业务管理就是一项管理职能。海外业务管理的内容模块，主要包括指名客户管理、渠道管理、项目管理。业务管理的原则是化繁就简，分层管理，分层授权，虚实结合，激发一线和支持部门的积极性和主观能动性。

海外项目管理包括项目复盘，连同项目分析、支持拉通等三个模块，它们构成项目管理的主要内容。从后台职能的角度，海外业务管理还涉及产品主动营销和流程管理。产品主动营销属于产品部的产品营销管理，主要是营销有效性和落地问题，如果偏离实际，无效营销，那落地也就无从谈起。海外业务流程源于业务，应让业务更规范，避免混乱，同时应注重流程执行，避免陷入流程僵化。

海外人力与组织保障

海外业务支撑涉及的内容很多，如产品研发、产品交付、售前技术支持、售后服务等。其中，产品研发比较重要的是产品适配度和速度，以及合适的海外产品营销策略；产品交付最基本的要求是目的国交付要能实现，进一步的要求是交付的时效性和安全性；售前技术支持包括前后台的协同、支持的规范性、能力培养和认证等；售后服务作为一种竞争力去看待，包括服务模式、服务网点和备件中心（Hub）布局，以及增值服务等。此外，人力、财务、法务、合规等都是海外业务支撑的内容。

本书利用一个章节讲述了海外人力与组织保障的相关内容。柳传志曾提出管理的三要素：搭班子、定战略、带队伍，其中两个都是在说人力与组织问题。销售队伍在前台，其他职能可能属于大平台，属于中台或后台，一线销售队伍在前线直接参与战斗是成败的决定因素，所以单独论述销售队伍的人力和组织问题。

"火车跑得快，全靠车头带"，"国代"是一线销售队伍的车头。我认为在一个国家业务能否成功的关键在于"国代"，而没有太强调后台各种支撑的重要性。我认为如果"国代"能力不够，再多的支撑也是资源浪费，当然我们可以把"国代"延伸到海外业务负责人。这些海外业务干部从哪里来，是自己培养还是外部招聘，两者应该是什么样的比例？要回答这个问题，依然还要再回到我们海外业务的定位和路径问题。

除了"国代"，海外整个队伍还要形成海外人才蓄水池，这个蓄水池的流动与国内的调配存在本质区别，毕竟大部分人还是会选择回到国内。储水池要有进有出，形成良性循环。

谈及人，就无法避开思维模式，这也属于顶层设计的范畴。我们要建立产品营销思维模式，即摒弃机会主义思想，避免打一枪换一个地方，太强调关系而忽视产品，太忙于事务和报告而疏忽产品营销职责。

从组织层面，我们要有螺旋式变革的思维，即组织进化的模式要继往开来，开拓创新。海外业务难度大、耗时长，如果我们没有耐心，只追求高速增长，达不成任务就换人换思路，最终折腾几年下来没有积累和沉淀，很可能一事无成。

二、不确定性下的海外业务思维

未来确定的只有不确定性，环境一直处在变化之中，这就要求我们及时关注变化，并总结反思我们的对策，既不能"以不变应万变"，也不能变来变去。本部分讲述了几种思维模式，有的属于思维方式的调整，有的属于基本原则的坚持。

世界不是平的

《世界不是平的》是英国人简世勋（Stephen D. King）的著作，该书分析了 21 世纪出现的逆全球化思潮的原因，以及全球化面临的三个关键问题：移民、技术和货币，并试图提出全球化治理的新思维和新框架。

进入 21 世纪后，以美国为代表的欧美社会出现日益严重的社会危机，财富向少数人快速集中，中间社会阶层衰落，社会两极分化，阶层固化，社会流动性丧失，民粹主义兴起，逆全球化思维涌动，美国引导制造业回流，成为贸易战产生的大背景。2022 年 10 月 7 日，美国商务部工业和安全局（BIS）更新了《出口管理条例》（EAR），针对先进计算集成电路、包含此类 IC（集成电路）的计算机商品和某些半导体制造物品实施对中国的出口管制。

贸易战以及科技战还没有结束或逆转的时间表，区域战争冲突、疫情、金融危机等各种"黑天鹅"不断涌现，加之国家经济安全、信息安全、个人信息保护引发的对商业的各种制约和限制，中国企业"出海"

面临严峻的挑战。从这个角度讲，面对当前的世界环境，世界不是平的，所以面对海外业务，我们要有新的思维模式和方案。

当然，我们也要有更宽广的视野去看待全球化。放眼人类历史长河，全球化已经经历了几百年甚至上千年。每个阶段虽然速度不同，内容有差异，如今我们依然还处在这个进程之中。每个人能感受到的只是我们生存的这几十年，不能因为几个事件的发生就断言全球化已经逆转。而且，我们也要看到新的趋势和变化：人类的技术发展不会停止，而技术会反推全球化的发展。

《工业4.0：即将来袭的第四次工业革命》的作者乌尔里希·森德勒（Ulrich Sendler）指出，第四次产业技术革命是智能化革命，影响会更加全面。智能化革命以基因技术、量子信息技术、新材料技术、新能源技术、虚拟现实等为代表，实现生产生活系统的全面智能化，使经济社会的发展方式出现重大变革。这次技术革命在世界大国之间具有同步性，源头的多元性，创新表现的去中心化和外溢表现，会缩短大国之间的时间差距，世界已经很难分隔。

《世界是平的》是托马斯·弗里德曼（Thomas L. Friedman）关于全球化的论著，其认为我们已经进入了全球化3.0时代，个人获得了新的能够在全球范围内参与竞争和合作的机会。互联网、社区、外包、离岸经营、供应链和搜索技术等被描述为铲平世界的10个动力，技术创造了新的世界平台，产生了新的习惯、流程和模式，反过来又加速了技术的革新，带动更多的国家（尤其发展中国家）和人进入全球化进程，并享受到了全球化带来的好处。

海外业务管理的窘境

海外业务具有一定的随机性，比如我们重视的市场，可能因为各种原因很难获取好的业绩，而我们认为潜力一般的市场有时却能给予我们超出预期的回报，业绩甚至比公司重视的战略市场要好。海外业务发展表现出的这种随机性，是海外业务管理面临的窘境。除了人的因素，海外业务还受到各种不确定因素的影响，比如，世界贸易环境甚至各国市场环境的各种不确定性、新业务本身的随机性、某个客户或项目的机会和偶然性、竞争对手的动态变化等。

我们不能因此否定规划的重要性，但是当我们试图按照既有的经验和机制，强调对海外业务的统一指挥、标准化设计、严格过程控制、精心辅导、控制风险时，剩下的可能就是僵化的机制、不适宜的政策、无法预测的变化。纳西姆·尼古拉斯·塔勒布（Nassim Nicholas Taleb）在《黑天鹅》中说，你寻求秩序，得到的不过是表面的秩序，而你拥抱随机性，却能把握秩序、掌控局面。

海外业务具有天然的复杂性，国家和国家的区别不是省与省的区别，每个国家的市场环境差异很大，面对的不确定性差异也很大，影响也不同。同样的一个事件，对有的国家是风险，对有的国家可能影响不大，而对有的国家甚至可能是机会。所以，海外业务作为一个新业务，我们要更多聚焦在评价结果，给予过程灵活性，允许业务自然地波动，在波动中发现机会、识别问题、自我修复。

那我们是否还要进行规划，是否还要总结经验？答案是肯定的。我不会赞同完全否定规划的说法，也不大赞同"经验的末日"这种说法，这是本书的出发点，即规划和经验的总结依然重要。

我们要有规划，但是更多是要聚焦于顶层设计，路径引领，即思路的总结提炼，也就是来源于实践，基于实践的经验总结。所以，我反对规划的天马行空、闭门造车、脱离事实，也反对规划的事无巨细，甚至对每个人每个月要干什么、每个客户每个月要干什么都规划得清清楚楚，因为这反而陷入了规划的陷阱。

总结经验不是唯经验论，特别要警惕经验复制的陷阱。我们以为自己懂得很多，其实我们懂的比我们不懂的要少得多。就像在科技领域，我们以为是理论知识在指导实践，先有了理论知识才有了行动，其实很多发明来源于意外，产生于实践，而非理论知识。比如青霉素的发明是一次意外，是英国科学家亚历山大·弗莱明（Alexander Fleming）忘了清洗细菌培养皿的发现。

实践出真知，事实胜于雄辩，行动能将事情剥茧抽丝。

海外业务的模式创新

创新是应对不确定性的方式，也是一种市场开拓的方式。模式创新可能是一种新型的商业模式或销售模式，也可能是一种组织设置模式或业务管理模式。

萨利姆·伊斯梅尔（Salim Ismail）等撰写的《指数型组织》中有对新型商业模式的论述，这些模式不一定非得是互联网业务才能使用，对于其他业务也有参考价值。这八种新型商业模式是即时性（Immediacy）、个性化（Personalization）、解释性（Interpretation）、可靠性（Authenticity）、获取性（Accessibility）、实体化（Embodiment）、可赞助（Patronage）、可寻性（Discoverability）。

这会对海外业务产生启发，比如，即时性就是成为第一个知道或体验某件事物的人，我们要让部分战略客户和战略合作伙伴更快地体验到新产品；个性化即专为个人定制的产品或服务，不仅在体验质量、易用性和功能方面增添了价值，而且还形成了"黏性"，买卖双方都有所投入，典型的个性化案例包括产品定制、VIP服务、个性化解决方案、私有云等；获取性即基于需求能方便而简单地获取，而不用自己去管理和维护，如云计算（即服务模式）、算力服务、运维外包。

除了商业模式创新，"出海"的模式创新还包括投资驱动业务、商业模式输出、多品牌模式等，以下以部分互联网企业"出海"为例，来说明各种模式创新。

中国互联网产业已经进入相对成熟的发展阶段，2023年3月2日，中国互联网络信息中心（CNNIC）在北京发布的第51次《中国互联网发展状况统计报告》显示，截至2022年12月，我国网民规模达10.67亿，较2021年12月增长3 549万，互联网普及率已经达到75.6%，增长率为3.4%，降低到5%之内，告别了高速增长阶段。

国内互联网走向世界，经过了不同的发展阶段，如猎豹、UC、美图等工具化应用"出海";共享单车、网络外卖、移动支付、短视频等商业模式"出海";云服务、AI、游戏等技术和产品服务"出海";以腾讯、阿里、小米、字节跳动、美团为代表的企业对海外公司的投资,即资本"出海";还有些企业创立时即以海外市场为主,如 SheIn 等。

阿里在海外成立了子公司 Ali Express;在电商领域投资了东南亚电商平台 Lazada、土耳其电商平台 Trendyol。其走向海外的云业务采用公有云加混合云模式,在东南亚重点推动公有云,在中东、中亚、南非、拉美等区域国家与本地云提供商(运营商或政府)合资建设混合云平台,或输出技术方案参与本地云提供商的建设项目。

腾讯"出海"模式以投资并购为主,2021 年成立了海外品牌 Level Infinite,加速"出海"。腾讯海外投资的游戏公司较多,比较知名的包括新加坡 Garena、美国暴雪、法国 Ubisoft 等上百家游戏公司。

SheIn 是一家国际 B2C 快时尚电子商务公司,总部在南京,成立于 2008 年。其面向国际市场,成立即面向海外,不存在"出海"的问题。SheIn 主营婚纱跨境电商业务,现已覆盖美洲、欧洲、澳洲、中东等超过 150 个国家和地区。SheIn 成功的核心是打造"实时供应体系",每款服饰单次生产数量不大,款式多,上新快,不断寻求商业模式的创新。

安全合规的海外业务

中国企业"出海"会面临各种安全和合规问题,在目前的国际贸易环境下,这种问题更加严峻,企业需要系统思考、提前应对,并制定系统化的预案,不能出现问题了才想着去应对。

国外客户也确实会担忧安全性,尤其是对安全性要求较高的敏感客户,比如电信客户,其通常会考虑是否存在因厂家的固件错误(Bug)而导致的漏洞,写入固件(Firmware)的过程中是否存在被篡改的风险,是否会在交付流通过程中被第三方植入篡改过的固件,如何避免因操作错误或恶意造成的信息泄漏等问题。

"出海"企业要有专门部门牵头建立安全和合规体系,包括产品技术、法务、贸易等。

比如，研发安全方面，对产品设计和开发安全的要求要贯穿于产品整个生命周期，应遵从安全标准，建立安全组织，健全编码规范和检查机制，制定开源软件与第三方组件安全管控措施，做好独立安全测试和漏洞扫描，制定数字签名与防篡改措施，建立安全认证平台，等等。企业要选择加入第三方可信组织，例如可信计算组织（TCG）是一个非营利组织，旨在促进可信计算开放标准的研讨、制定和普及。而可信平台模块（TPM）是基于TCG的标准化规格的IC芯片，可以存储用于安全认证的加密密钥和证书，通常装在个人电脑和服务器的主板上，用于防止包括操作系统和管理程序在内的软件被篡改。

比如，供应链安全方面，应确保产品安全、透明、可追溯。应制定可信赖的、经过认证的供应商部件管理制度，明确严格的出厂检查程序和规范，制定确保产品出厂后不会被篡改的措施等。

其他安全方面的措施，还包括明确数据安全和隐私保护方案，制定独立第三方安全审查或审计措施，建立安全事件应急响应和处理机制，解读和应对目标国家安全法案和贸易规定等。

制定以上措施的原因是为了建立信任。而为了应对不可控制的供应风险，企业还需要有组织保障，即建立相对独立的海外运作组织，包括研发、供应、生产、交付和服务。

我们讲到的销售组织本土化，更多是从销售开拓的角度出发。本土化的组织更有利于本土市场的开拓，其实这种本土化也是出于合规性的考虑。当有些企业在某些国家设立工厂，甚至将部分运营中心或海外总部搬到某些国家的时候，我们可能要从企业的角度审视和理解这种决策的合理性。还有很多企业会选择在海外发布与国内不一样的产品品牌，并独立运营和宣传，也是出于合规性的考虑。

销售业务的本质

我一直认为无论我们总结多少经验，都还是处于"术"的层次，而不是商业的"道"。"道"是不会随着时代和环境改变的根本原则，即商业的本质。那销售业务的本质是什么？

销售业务的目标是为了赢，赢下一个订单、一个客户、一个市场，而如何才能赢？杰克·韦尔奇（Jack Welch）在《商业的本质》和《赢》中反复论述道，无论公司赢还是个人赢，都是要有好的态度和心态，即坦诚和快乐。他还说，以坦诚精神、透明度和声望，建立别人对自己的信赖感，做生意不过是游戏而已，而赢得游戏就是最快乐的事。

开拓海外业务难度很大，环境不同，文化不同，我们很容易产生对其他文化以及人的曲解、轻蔑甚至敌视，而求真务实的态度永远是解决之道。多次囚徒困境博弈里面最优的策略是"针锋相对"，你表现出了背叛，对方也会选择背叛，你表现了真诚，对方也会选择真诚，这是基因进化的稳定策略。

有好的态度和心态，然后再做好三个步骤，就能够实现业务的成功，即找到利基市场，找到能为客户提供的独特价值，并建立别人无法复制的优势。这里我借用了彼得·蒂尔（Peter Thiel）在《从0到1》中阐述的思想，即在每个国家的业务都是从0到1的过程。

利基市场是在较大的细分市场中具有相似兴趣或需求的一小群顾客所占有的市场空间。销售业务需要寻找到突破点，即我们要聚焦于适合公司自身的利基市场，识别较大市场中新兴的或未被发现的利基市场来发展业务，不能到处撒网。

销售的秘密就是找到企业可以满足客户需求的独特价值：可能基于原有供应商的意见和不满，可能基于新兴业务对于新型产品技术的需求，可能基于快速交付的期望，也可能基于降低成本的诉求——这些都源于对客户需求的分析。

销售要建立别人无法复制的优势，除了依靠公司不断领先的产品技术竞争力、独特的服务能力，还有商业模式的创新，如定制、联合开发等；客户关系的提升，如建立组织型客户关系；提升业务价值，如为客户提供业务咨询和规划服务。

第一章　海外顶层设计

本章围绕顶层设计而展开，顶层设计是明确思想、选择路径，也可以归为战略规划。所谓战略规划，核心就是选择。选择包括不做什么，也包括做什么、怎么做，其中，怎么做就是选择路径。要选择路径，就要先统一思想。

本章包括五部分内容，第一部分解释了什么是顶层设计，以"否"的思维界定"是"，认为顶层设计的核心是统一思想，并就如何对海外业务进行顶层设计给出了"两输入、一输出"的操作模式。第二部分论述海外业务所处阶段的定位问题，关键是形成对企业国际化发展阶段和规律的客观认识。第三部分对本土化进行了系统论述，本土化是一个系统化的工程，涉及职责范围、组织职能、权力分配或授权、人员构成设计等，要系统设计，逐渐实现"战略全球化，行动本土化"。第四部分介绍了海外业务的市场布局，市场选择有不同的模式，核心是要科学决策、定期评估，基于评估调整布局。第五部分是操作层面的落地，要将总体策略体现在各个国家的业务规划中，即总体有策略，各国能落地。

一、如何对海外业务进行顶层设计

顶层设计原是一个工程学概念，本义是统筹考虑项目各层次和各要素，追根溯源，统揽全局，在最高层次上寻求问题的解决之道。

顶层设计有几个特征：第一是自顶而下的设计，不是自下而上的摸索，不是摸着石头过河，也不是"八仙过海各显神通"；第二是追根溯源，找到问题的根本原因，不是"头疼医头脚疼医脚"，更不是浮于表面流于形式，有时找到并界定问题可能比解决问题更重要；第三是统揽全局，考虑整体性，各项要素都要围绕问题和目标，不能各自为政。

有一次开会时，一位同事提出"公司海外业务缺少顶层设计"。对于什么是海外业务的顶层设计，我思考了很长时间，也整理了一些思路，但经仔细梳理，我发觉这些好像又都不是根本问题，谈不上顶层设计。

比如，没有清晰的目标。任何公司都会提出海外业务的目标，目标是否跟个人紧密相关，这个有时说不清楚。但整体而言，没有平台的发展，就谈不上个人的成功，只是每个人感受不同。所以，目标好像不是根本问题。

比如，市场选择有问题。包括选择哪个区域市场、哪个行业、什么类型的客户。无论区域的地位排序是否合理，区域、行业、客户都是客观存在的，早晚都会去尝试。所以市场选择不是根本问题。

比如，没有找到适合的销售模式。虽然不同的销售人员对销售模式的认识不同，但都有自己的销售经验。他们各有各的"套路"，谁也不会轻易盲从别人。所以，销售模式也不是根本问题。

比如，缺少资源投入。海外业务初始阶段，对资源的消耗巨大，任何企业选择"出海"，都必须面对资源的持续投入问题。中国企业"出海"是一个发展选择，走出去的决心不会改变。如果说资源投入制约了海外发展，也跟实际情况不大相符。

比如，缺少长远的规划。中国企业大多重视规划，规划做得很规范，也很认真。中国企业的规划既有年度经营计划（Business Plan, BP），也有几年的战略规划（Strategic Plan, SP）。暂且不论规划的质量和思路的持续性，要说企业缺少规划是站不住脚的。我们对于目标是什么，未来几年要达成什么任务，怎么做，需要什么资源，都规划得清清楚楚。所以，规划也不是根本问题。

比如，缺少流程支撑。我们主观上可能会认为海外业务是一个新业务，需要特殊的流程支撑。可能现有的流程支撑确实有不规范之处，效率也需要提升，但是要说已运转的业务没有后台流程支撑是不可能的。所以，流程支撑也不是根本问题。

如果目标、市场选择、销售模式、资源投入、规划、流程支撑等，都不是海外业务的根本问题，那么根本问题到底是什么？针对海外业务要怎么进行自顶而下的设计？

任正非很重视《华为基本法》的制定，这一基本法从1995年萌芽到1998年审议通过，历经数年，这就是华为的顶层设计。这个顶层设计的价值不在于其内容，而在于其重视总结自身经验，在于对自身道路自信的信仰。

我们需要的顶层设计可能是思想层面的，即一种勇于正视自己的自信的思想。什么是勇于正视自己？即要正视自己的现状和问题。顶层设计是追根溯源、解决问题的，如果连问题都发现不了或不承认问题，就无法进行顶层设计。为什么要有自信的思想？自信的思想能为队伍铺设出发展的通道，"你方唱罢我登场"的模式不可能培养出有战斗力的队伍。

顶层设计的核心是形成一种海外业务发展的指导思想，进而在思想基础上进行队伍建设，表现为"两个输入，一个输出"。

输入：我们成功的经验是什么

我们公司是否有成功的秘密？是否可以复制到其他国家（要调研和验证）？实际复制的情况怎么样？有哪些复制成功了？我们在其他个别国家是否有成功的实践？我们是否客观分析过这些实践过程？是否客观

复盘了过程（不能变成个人能力的夸大）？从复盘中我们可以得出的经验是什么？至少需要总结出 3 条核心经验。

比如，我在某个国家业务做得比较成功，对此，我总结了 3 条核心经验。第一条是销售模式。最早我以贴牌（即贴对方的品牌）作为起步进入该市场，成为后续发展的基础，为推广自有品牌打下了基础。第二条是选择对核心骨干，包括销售负责人和技术负责人。销售负责人能冲锋陷阵，能很好地处理各种问题，而技术负责人是业务的保障，尤其在本地技术支持不完善的情况下，其能灵活地解决技术问题，成为业务顺利推进的关键。第三条是重视合作伙伴。除了贴牌合作伙伴，我非常重视培育本地合作伙伴，他们在一定程度上成了我们的有力补充，有助于我们迅速打开局面。

输入：我们存在的问题是什么

我们在很多国家的业务上是否依然存在很多问题，如我们尝试了很多次却仍旧没有成功，我们选择的目标客户依然离突破遥遥无期，我们雇佣的销售依然还是没有贡献，我们的销售队伍依然还是后继无人，我们在一些国家的业务多年没有改观，甚至没有任何积累等。

比如，我在另外一个国家的业务做得不大成功，对此，我总结了 3 个核心问题。第一个是团队不稳。业务初期我们也做了贴牌模式，但是由于人员变动没有延续下去；新招聘的销售负责人干了不到半年就离职，人员的不断调整影响了团队士气和业务的延续性。第二是急功近利。初步开拓一个市场时如果面临的业绩压力很大，我们很难选择耐心培育客户，而是选择可以快速产单的低价项目。第三是政策多变。业务持续投入一年后，出现亏损，即刻决定撤离，随后却又要进入，这对品牌声誉产生了很大的负面影响。

输出：哪些要成为指导我们事业的基本原则

公司应从整体层面输出海外业务的基本原则，并完全按照这个基本原则去运营。

（1）分步推进，政策稳定。我们的海外业务是分步推进的过程，要保持3个"坚信"：坚信每个阶段有每个阶段的特点，坚信每个国家有每个国家的特点，坚信业务成熟度有很大的差异。同时要保持3个"避免"：要避免大开大合，一会儿扩张一会儿收缩；要避免政策"一刀切"，不论差异全球复制；要避免放羊式的无组织状态，要有全球统一的思想。

（2）坚持聚焦，评估调整。我们的资源是有限的，要坚持聚焦原则。要保持3个"必须"：任何新市场布局必须有严格的评估标准，对已经布局的市场必须要定期评估，基于评估结论必须定期调整投放策略。同时要坚持3个"不允许"：不允许换个人就换个布局，不允许抛开数据人为主观决策，不允许毫无希望的盲目坚持。

（3）模式先行，坚持合作。各国家可以有差异，但要有明确的打法。我们要总结出成功的销售模式并坚持。在模式选择上要有3个"坚持"：坚持从实践中总结模式的思路，而非简单复制；坚持合作共赢的思路，长期并广泛地培育潜在合作伙伴；坚持鼓励创新和广开言路的开放心态，尝试并购合资等不同的开拓路径。

（4）"国代"核心，梯队建设。一个国家海外业务能否成功的关键是"国代"和本地团队的建设。要树立3个"要"：要重视"国代"的选拔和培养，要保持中坚力量的稳定性，要坚持每年补充新生力量建立梯队。同时要牢记3个"不能"：不能换个领导就换批人，对海外领导的更换要谨慎；不能盲目相信"外来的和尚会念经"，对中外人员数量要保持平衡；不能没有优化调整机制，应建立业绩导向机制，保持团队活力。

二、清晰定位海外业务所处的阶段

顶层设计应该是思想层面的，是一种指导思想，而且是一种正视自己的自信思想，只有在这种思想下，才会有"雄赳赳气昂昂，跨过太平洋""不破楼兰誓不还"的"出海"壮举。我国改革开放的成功也源于邓小平同志一系列正视国情的指导思想，其中一条就是社会主义初期阶段的定位，这个定位明确了我们的方向和目标在哪里。

管理学中的"定位"来自英文position，就是位置，即我们准备去哪里（目标），我们现在在哪里（发展阶段），我们准备怎么去（发展路径）。定位让自己明白自己是谁，让团队明白我们是谁，也让别人一看就知道，"这个就是你"。

发展阶段问题

有人总结过全球化要经历的几个阶段：初级国际化阶段（海外销售阶段）、跨国企业阶段、全球化企业阶段。在初级国际化阶段，企业立足本土，以在国际市场竞争中获利为首要目标，这个阶段主要是为了做国际贸易或海外销售，海外机构只是销售单位。到了跨国企业阶段，企业在不同国家和地区建立了一个个机构完整、业务独立的分支机构，基本实现了本地化运营。当迈向全球化企业的时候，各地区的优势得到充分发挥，不同国家和地区将承担起整体工作的某一部分，从而真正实现了一个优化组合和全球化分工。

中国的大部分企业"出海"依然还处于初级国际化阶段，即使在海外建立了分支机构，也只是个销售代表处。随着业务的发展，有些企业也许在个别区域建立了相对独立的分支机构，比如生产基地、研发中心等，这些分支机构可能是自建，也可能是通过并购或联合形成的，这些企业在个别区域实现了跨国企业的运作模式。

当我们明确了我们正处于初级国际化阶段，就要考虑这个阶段的一些发展特征。比如权力特征方面，大部分权力还在总部，前端并没有得到完全的授权，包括人事、价格、签单、回款、费用等，审批权限可能更多放在了后台部门。技术、交付、服务、人力等职能在本地不一定会设置，即使设置了基本上还是以垂直管理为主，只有少部分职能是本地矩阵管理，本地组织主要承担的是销售职能。在人力方面，海外公司人力与总部紧密融合,且基本无太多独立授权,负责人以总部外派为主。这个阶段业务处于初期开拓阶段,规模不够大,总部并不打算向前端充分授权,不打算在本地建立相对独立的机构。

十几年前,IBM、HPE、Dell、三星等外企虽然产品规划、研发及战略决策职能还放在总部,但其在中国的机构已经相对独立,组织健全,有相对充分的授权,并配置了法务、合规、财务、市场、人力资源等完整的支撑职能,人员以本地为主。这些企业国际化进程开始得较早,在20世纪七八十年代甚至更早就已经完成了初期国际化进程,来到中国后它们就直接按照第二个阶段跨国企业的模式运作。

通用电气(GE)的国际化进程则更早,其早在19世纪末期就开始了国际化进程。1985年杰克·韦尔奇(Jack Welch)为GE提出了第二个全球化战略,进入全球化阶段。GE必须在四个方面达到全球一流的水准:①以世界上最好的价格提供最好的产品和服务;②在组织上使世界性的采购、制造和营销网络一体化;③培养具有"全球头脑"世界观的主管;④在全球范围内建立广泛的合作与联盟,快速化解贸易壁垒。

当然不是说我们所有区域必须都按照一个阶段特征去运作,比如有些业务相对成熟的区域,可通过本地建厂或并购及合资来运作,而在具有本地实体分支机构的区域,可以考虑按照跨国企业的模式来运作。

发展目标问题

前面谈的是发展阶段的问题,再简单谈谈发展目标问题。目标并不是一个核心问题,因为认知可能有所不同,侧重点也会出现差异,但是目标没有对错。当然,目标是否合理,目标是否跟员工建立关联,这里不再讨论。

有一个观点我比较赞同,全球化不仅仅是如何在海外销售更多的产品,更重要的是如何以全球化经营为突破口,以全球最高标准推动变革,带动内部经营管理迈上新台阶,引进先进的技术与管理方法,使企业迈入世界级企业的行列。

所以中国企业"出海"不能仅仅定义为实现多大的销售目标。在经营层面,"出海"要能够充分利用全球资源,比如技术资源、产品资源、研发资源、供应链资源等;在管理层面,要能够将发达国家对产品质量、交付、服务的严格标准作为提升管理水平的契机,主动引进世界先进管理方法和流程,提高运营效率,真正匹配和满足高端客户需求;在人力资源层面,高层干部必须具有在海外历练的成功经历,使得海外机构成为吸引国际化人才的平台。

发展路径问题

最后再谈一下发展路径的问题。有人总结过企业"出海"的三种路径。一是自我发展。当然靠自我并不是指不依靠渠道,渠道依然是海外销售不可或缺的通路。二是参股或并购,中国的家电企业像海尔、海信、美的"出海"主要依靠的是这种方式。甚至联想能够成为国际化企业,也是源于对IBM PC成功的并购,还有中国的机械制造企业柳工、汽车制造企业吉利国际化的成功,也主要源于成功的并购。三是联盟,比如全球化联盟。小米在2018年5月与长江和记(中国香港)组建全球策略联盟,长江和记在全球超17 700家零售及电讯店销售小米产品。借船"出海"也算作一种联盟,与中国对外承包企业合作,提供配套设备和产品,规模较大的对外承包企业有中国水电建设集团国际工程有限公司、中国建筑集团有限公司、中国铁建股份有限公司、中国港湾工程有限责任公司、中国土木工程集团有限公司等。

我们大部分企业"出海"的路径主要依靠自我发展,可能会在个别区域补充使用参股并购方式。自我发展最大的好处是风险相对可控,模式也比较适合企业自身;缺点是可参照的经验不多,也无法借用外部咨询评估机构,需要的时间周期比较长,也需要企业具有一定的战略耐心。大部分中国企业自我发展的问题往往出在这里:太追求速度、规模,缺乏战略定力和持续性。

综上所述，关于企业"出海"定位的问题，我们要形成对企业国际化发展阶段和规律的客观认识，基于此认识明确自身所处企业的情况，作出正确决策。

举一个例子

某公司重视海外市场的开拓，并将其提升到了战略层面。为了尽快完成国际化进程，公司采取了一些举措：第一，在企业形象方面，公司要求所有员工都要有英文名，邮箱都只显示英文名，内网文件全部翻译成双语，甚至要求与海外业务相关的邮件都要使用英文；第二，公司在规划的目标区域快速建立办公室平台，招聘外籍总经理和销售，配置专车，迅速建立一定规模的本地团队；第三，配备充足资源，同时要求业绩呈十倍速快速增长。但是公司运行一年之后出现巨幅亏损，区域平台和团队建立了，却找不到业务方向，业绩指标没完成；同时由于缺乏国际化的管理经验，业务出现一定程度的混乱，也出现大量资源浪费，最终公司在一些国家的业务只能强制关闭。

这就是海外业务定位出现问题的典型案例。公司外贸业务还没有做顺，对于机会在哪里还没有探索清楚，就想一步进入国际化，甚至变成跨国企业，基本上不大可能。

我们需要回答公司现在到底处于哪个发展阶段，这个发展阶段的特征是什么，应该使用什么样的管理方法。此外，我们需要明晰企业相对于竞争对手的特点或优势到底是什么，我们应该选择的发展路径是什么，简单来讲就是我们现在在哪里、想去哪里、怎么去。

三、本土化是一个系统化设计

毋庸置疑，海外业务一定要走本土化之路，这个应该没有人会反对。但是仔细琢磨，存在两个问题。第一，到底什么才是真正的本土化？招聘了外籍总经理就是本土化吗？在国外建立了一个销售处或配置了职能组织就算本土化吗？第二，本土化意味着什么样的管理模式？如果人、组织、职能都本土化了，但是绝大部分决策权在总部，业务怎么做也是总部在指挥，这算本土化吗？

本土化的含义

本土化（Localization）是指根据各个国家或地区的市场差异，企业采用不同的政策，以适应本地特定的要求，成为地道的当地公司。与之相对应的是标准化，即全球一盘棋，采用相同的组织架构、市场策略、销售模式等。

本土化是一个系统化的体系设计，其涉及的因素包括：

（1）职责范围界定。本地平台是法人还是代表处，主要是承担销售职责，还是作为一个相对完整的经营实体，这些都需要考虑。

（2）组织设计。什么组织职能配置在本地，采购、供应、生产、交付、服务等，是本土管理还是总部垂直管理。

（3）权力分配或授权。市场开拓策略是统一指挥还是因地制宜；价格授权是价格审批还是"成本"授权；此外，权力分配或授权还需要考虑费用授权、编制和人员招聘授权、人事任免授权等。

（4）人员构成设计。是由外籍人员负责还是由外派人员负责，或者采取中外组合设计。此外，关于组合比例如何控制、人员发展通道如何设计等问题，也需要综合考虑。

本土化的误区

我们比较容易陷入的误区是认为本土化就是招聘外籍人员，或者非常强调招聘外籍人员。不可否认，招聘外籍人员是本土化的一个典型特征，但招聘了外籍人员并不意味着就实现了本土化。因为系统不是孤立的，没有其他的配套措施，即使招聘了外籍人员，企业本土化也很难取得成功（当然也可能是招聘的外籍人员不适合）。而如果其他配套做得比较好，有时候即使当地的负责人是中国人（可能外派，可能当地招聘），业务也可能成功。所以本土化并不是仅仅用本地人这么简单，需要配套支撑，也需要管理思路和控制方式的转变。

十几年之前，中国互联网企业"出海"基本以失败而告终，但是也留下了几个发展得还不错的本地公司，其相对独立运营，在当地具有一定规模，且实现了持续盈利。其中一个是金山日本公司，负责人是一位在日本的中国人，以销售 WPS 起步，逐渐拓展到音乐、AI 机器人等领域。其由日本法人自己独立经营，总部基本上不参与管理，身份变成了一个股东。另一个是百度日本公司，负责人也是一位在日本的中国人，由总部任命。百度日本公司以日语输入法业务起步，逐渐拓展到广告推送、网盘等领域。公司完全独立运营，除了重大投资决策，总部对日常业务管理较少。

十几年前，美国的互联网企业进入中国市场以失败而告终。谷歌（Google）、易贝（eBay）、优步（Uber）、领英（LinkedIn）、亚马逊（Amazon）等，都请了中国精英负责中国业务，照样没有占领中国市场。除了政策因素外，管理模式也是失败的关键原因。李开复曾经总结：这些美国公司不懂也看不到中国市场的差异性，在经营上不愿意投入，缺乏耐心，管理上也不给中国团队相应的授权，所以业务不可能做起来。

中国台湾企业的本土化路径比较特别。比如，超微（Supermicro，一家来自中国台湾的服务器厂商）在大部分国家的业务负责人都是派驻到当地的中国台湾人或在当地招聘的中国台湾人，销售人员有本地的，也有外派的，在成熟的区域以本地销售人员为主，在规模小的区域主要是外派销售人员。这些本地团队在业务上尤其是价格上拥有绝对的权力，他们（包括他们的渠道）可以看到"成本"，自己直接报价销售，效率很高。他们通过毛利润获取提成，也解决了公司对他们的激励问题。

各个国家的企业在本土化路径上也存在差异：日韩在中国的企业，

部长级及以上的人员基本上都由日韩外派，很少使用本地人，当然销售人员主要还是中国人。以前在韩企打工的中国人比较多，中国人在韩企发展会存在明显的"天花板"，能进入管理层的寥寥无几。日本企业的这种情况可能相对好些，它们中有少数会让在日本留学或工作过的中国人进入管理层。欧美企业则更开放一些，除了决策层是欧美外派，它们在经营管理层会大量使用中国人，尤其是具有国际化工作经验的人才。

但我们依然无法直接复制这些企业的本土化模式，尤其是欧美企业模式。一些发达国家企业在管理水平上大大超越国内企业，对中国人具有先天的吸引力。而我们中国企业进入发达国家，当地人选择加入中国企业可能相对风险较大，尤其是职业发展很好的当地人，可能很少会做这种选择。举个类似例子：印度的某个企业要在中国本土化，其实现的难度可能就要比欧美企业大得多，路径可能也会不同。

本土化的路径和原则

实现本土化的路径涉及两个问题。第一个问题，是不是要一下就具备前面谈到的所有本土化因素，还是可以分步推进？可能除了一些已经进入跨国企业阶段或全球化企业阶段的成熟企业，绝大部分中国企业"出海"要推动的本土化一定是一个逐渐实现的过程。第二个问题，如果分步推进，哪些因素在前，哪些因素在后，哪些因素之间是配套的，而哪些因素之间相关性并不是很大？

对于路径问题的回答比较困难，只能通过实践去总结。比如先理顺组织设计和管理关系，然后厘清授权和控制的平衡，然后寻找合适的外籍负责人。

以某网络公司在某国家本土化的路径为例。其以贴牌起步，逐渐有了一定的业务量，马上要面临的就是技术支持和售后问题。由此，该公司先在本地配置了技术支持人员，即技术支持工程师（Field Application Engineer，FAE）。我们在实际使用中仅仅把 FAE 作为售前支持，其实他们应该是售前售后服务的本地接口，要能在本地解决部分技术问题。后来公司又拓展了自有品牌业务，要求销售负责人有更多时间驻守在本地，于是建立了本地团队，配置了本地人力资源（Human Resource，HR）负责人，招聘外籍销售和工程师，并租赁了办公室。随着业务规模的壮大，本地部分大客户要求在本地签单，用本地货币交易。由于总部法务不懂当地的法律和语言，此时就需要与本地事务所合作，将商务合同放在本地评审、签订，并向本地派驻财务人员，于是本地机构变成了经营实体。随着本地职能的增加，本地机构自负盈亏，逐渐增加了一些授权，包括报价授权，负责人可以决定部分项目的亏盈，但是对最终利润负责；人事授权，包括人员招聘、录用和任命；费用授权，减少了总部审批，采用费用包干制。

当然企业在实践中需要牢牢把握一些基本原则。在国际化的初级阶段，本土化是以销售为核心，那就要基于销售业务去思考。在管理思路上，一些成功实践的原则可以给人们带来一些启发。

第一个原则，前台驱动后台。

华为提出"让业务一线听得见炮火的人呼唤炮火"，这是设计本地化组织和管理关系的原则。后台组织是否必要，后台的管理是否有价值，让前端去评价，业务就像一根绳一样，让前端的人员使劲拉一下，在这根绳子上使不上劲儿的，都是冗余的组织和管理，原则上都可以去掉，而在这根绳子上越能使上劲儿的，越要先考虑放在本地，实现本土化，比如技术支持和服务对于销售产品的业务而言尤为关键。

第二个原则，以满足业务本地化需求为核心。

如果要本地招聘，就要注册本地法人，要有本地办公室，同时要配置本地行政或综合支持，最好能够配置本地招聘的人员。如果要本地签单，就要配置本地财务，还要能精通甚至利用外汇波动。比如日元的波动很大，一年至少有10%～20%的振幅，如果能够做好外汇筹划，选好外汇汇兑时间，则能大大增加利润空间，或提升产品价格的竞争力。如果要在本地直接签约，对于小语种国家，如日本、德国、韩国，最好配置本地法务，或与本地法律事务所合作。

第三个原则，基于海外业务实践总结业务模式。

我们要考虑业务的实际进展情况，这是授权的前提，也是本土化的前提。华为早期提出过"一国一策"，即尊重和敬畏本地市场特征，并让在业务一线实践过业务的人创新业务模式。比如"铁三角"，最早就是由苏丹销售团队在本地提出来并实践成功，获得总部认可后在其他国家或区域推广。

其实无论什么原则，核心都是管理思路的转变。如果想推动本土化，管理思路也必须实现本土化，即"战略全球化，行动本土化"。不能招聘了一个外籍负责人，就说已经本土化。如果业务还是由总部在远程指挥，所有权力还由后台职能部门掌控，什么都要层层审批，即使业务能力再厉害的外籍人员也很难真正实现本土化。何况在这种情况下，企业也很难招聘到业务能力强的外籍负责人，反而碰到职场"混子"的概率更高。

管理学上有个词很好，叫"全球本土化"（globalization）。它的含义是只有当全球化的产品方案与当地市场需求和文化深度结合时，企业才能取得成功。是否能在风险控制和快速对市场作出响应之间找到平衡点，将在极大程度上决定全球化的效果。

四、谋篇布局，科学决策

"运筹帷幄之中，决胜千里之外"，这讲的是战略部署的重要性。海外业务的市场布局就是目标市场选择问题，目标市场的选择和重要性排序直接决定了资源投放，影响资源效率、业务成败和队伍建设。我们要有科学决策机制，更要有纠错纠偏机制。

市场布局的模式

IDC（国际数据公司，全球著名的信息技术、电信行业和消费科技咨询、顾问和活动服务专业提供商）将全球市场重点区域划分为美国、中国、西欧、日本、中东欧、其他地区。根据市场相似性和距离，常见的区域划分包括日韩、东南亚、印度、中东非、欧洲（西欧、中东欧）、俄罗斯、拉美、美国。从供应中心和备件中心的角度，设置三个中心：以中国辐射日韩、东南亚和南亚，以东欧辐射西欧和中东非，以美国辐射拉美地区。

当然刚开始国际化的公司不可能这么全面布局，因为成本无法承受。公司的国际化一般需要一个逐渐探索的过程，布局模式分为以下几种。

一是，"农村包围城市"。

这是华为通信业务最早走出去时所采用的模式：先从相对不发达或难度小的市场开始突破，寻找竞争对手不愿意投入和开拓的小市场。华为在亚非拉市场积累了一定的经验和人才后，再进入欧洲发达市场。

二是，先近后远。

优先选择离中国内地近的区域市场，比如中国香港地区、东南亚、韩国、日本。无论是出差去这些地方还是短期常驻，成本都不是很高，且运输到这些地区的物流效率跟中国内地差异不大。

三是，金砖国家优先。

金砖国家（BRICS）包括巴西（Brazil）、俄罗斯（Russia）、印度（India）、中国（China）和南非（South Africa），这些国家的特征是市场增长迅速，市场潜力较大，属于新兴市场，机会相对更多，是一些厂商海外布局优先选择的对象。

四是，"一带一路"成员国优先。

借助国家层面的合作来寻求市场机会，是中国境外工程承包企业海外布局的主要原则。"一带一路"主要涉及东亚的蒙古国和东盟10国、西亚18国、南亚8国、中亚5国、独联体7国、中东欧16国。

五是，规模导向。

即根据市场规模选择布局国家，哪里市场规模大就布局哪里。比如信息与通信技术（Information and Communication Technology，ICT）产品，除了中国市场，最大的市场是美国，其次是欧洲（西欧），接下来是日本，可针对这些市场进行重点投入，坚持不懈。

六是，遍地撒网方式。

即大概选择一批目标国家，但是在哪些国家能够找到机会，需要多长时间，无法预知。如果公司财力允许，人才和管理水平能跟得上，可以采用这种方式。比如华为在先期重点国家突破后，向其他国家或地区派出 1～2 名工程师，让这些"种子"在当地市场发芽成长。

市场布局的问题

因为每个公司的业务不同、目标不同、所面临的国际政治环境不同，因此，市场布局模式应契合公司的业务特点。但在实际的开拓过程中，公司确实存在一些市场布局方面的问题，具体列述如下。

1. 选择了却很快放弃

海外市场既然选择了就需要坚持。"搂草打兔子"的方式不可能开拓客户。大客户的开拓基本上需要 2～5 年，甚至更长的时间。

在黄继伟的《华为内训》中，他提到任正非的观点："通信行业是一个投资类市场，仅靠短期的机会主义行为是不可能被客户接纳的。因此，我们拒绝机会主义，坚持面向目标市场，持之以恒地开拓市场，自始至终地加强我们的营销网络、服务网络及队伍建设。"其实不仅是通信行业，所有市场，尤其是商用市场，都需要韧性和耐力。

当然，坚持也有一定的前提。第一是选择时必须谨慎，要经过充分分析，且有数据支撑。第二是要有适合的开拓方式，控制成本支出。第三要有一批合适的人，即公司应持续培养出有潜力的市场开拓者。

比如，很多公司在选择拉美市场时都出现了一些问题，因为这个市场相对较封闭，进入的难度较大。2022 年，东南亚 SEA（东海集团，总部位于新加坡的互联网公司）在拉美市场开拓不利，从部分国家撤出或收缩规模。比如，巴西的进出口和关税规则很复杂，在选择之前必须进行充分的论证和分析。可能简单的贸易很难进入，需要有本地工厂或转换成本地品牌。还有墨西哥紧挨着美国，可将工厂布局在美国南部，在供应上可以辐射，继续向南可以辐射到哥伦比亚。如果选择布局在墨西哥，就要配置本地资源并持续经营，采取浅尝辄止的方式将很难进入。

2. 有问题不能及时调整

这个问题跟上一个问题是对应的。什么时候需要坚持，什么时候需要及时调整，需要基于数据的分析评估，本书在后面"既有国家市场评估"部分还会详细介绍。遇到以下几种情况需要进行及时调整：基于数据评估，对于低业绩低潜力的国家市场，要及时关停并转；对于出现巨大政治风险或不可抗力的，比如战争，要及时调整，盘活可以利用的人力资产；基于当初设立的目的或任务，已经完成的，或者验证不可行的，要及时进行调整。

某公司在某国家最早设立代表处的原因是有某个高性能计算（High Performance Computing，HPC）对外合作项目，代表处设立之后公司开始寻找和复制 HPC 项目，但与设想不同，很难成功。后来公司按照产品思路发展分销，拓展通用市场，也不大成功。其中一个原因是市场潜力太小。而在此市场上，该代表处坚持了十多年，大家已经不关心坚持的原因是什么。

3. 选择不是基于数据支撑

根据市场规模选择布局是用得较多的模式，即要选择有潜力的市场，但同时要区分区域和国家市场。比如我们可以选择美国市场，这是全球第一大市场，但是不能笼统地选择欧洲市场，欧洲太大太散，每个国家的潜力和市场环境都不同。我们不能说要做欧洲市场，就向东欧、南欧、北欧一些小国家遍地撒网投入，这样做成本很高。有时投入巨大成本去开拓芬兰或瑞典市场，可能还不如投入资源开拓相对较近的马来西亚市场，以及中国香港市场。

选择要基于数据支撑，这个支撑很简单，就是看市场潜力。以服务器市场为例，我认为对低于 1 亿美元规模的市场不建议布局，对低于 2 亿美元规模的市场不建议本地化发展，因为这种市场即使占有率达到了 3%（除非有大客户，否则这个目标难度不小），销售额也只有不到 600 万美元，养活不了本地化平台和团队。

两个关键问题

海外的战略规则（SP）和业务规划（BP）必须具体到目标国家，泛泛地谈全球化没有任何意义。尤其是当市场布局仅针对几个区域市场时，我们把这几个区域市场规划清楚即可，不要搞空洞的全球市场规划。

某个国家市场规划或业务规划要列出框架，包括市场趋势和机会分析、竞争对手分析、目标行业和目标客户、销售额目标、销售模式和通路设计、组织保障、平台和市场投入、技术支撑、服务体系、物流和交付等。

对于如何进行某个国家市场规划，有两个要考虑的关键问题，这两个问题与市场布局紧密相关。如果这两个问题解决不了，再科学的布局决策和规划也难以有效执行。

第一个是发展目标和延续性的问题，即至少要规划 3 年的发展目标和路径。客户拓展和渠道发展也要作至少 3 年的规划，一个客户要有 3 年攻克下来的决心，一个渠道也要有培育 3 年的耐心。每年可以对规划进行审视和更新，但是不能随便推翻，尤其不能频繁更换人员，如果每年都从头再来，就不存在业务延续了。

第二个是开拓模式选择问题，这涉及开拓成本和公司对亏损的忍耐度。如果公司有巨大的财力支撑，且有坚定的决心，可以开始就以本地平台模式运作。就像大部分外企开始进入中国时，先定好高大上的办公室，再高薪聘请中国的精英人才，并给予持续几年的财力支持。如果公司财力很难持续，对目标市场决心不足，甚至管理人员也可能不稳定，那最好采用灵活的开拓模式，包括出差模式、混合模式和本地模式。

可以设定一些标准。以服务器市场为例，表1-1是不同开拓模式的盈亏测算举例，盈亏平衡的最低业绩是能够支撑前端费用的最低回款额，不同企业可以根据具体业务情况进行调整。

表1-1 不同开拓模式

开拓模式	市场条件	建议初始编制	建议任务目标	毛利举例（人民币）	费用举例（人民币）	盈亏平衡最低业绩
出差模式	1亿~5亿美元市场，初期阶段	2人	300万美元	260万元	160万元	回款250万美元
混合模式（出差+本地）	2亿美元以上市场，且上一财年已经实现最少300万美元回款	2~3人	500万美元	390万元	240万元	回款400万美元
本地平台模式（潜在营盘）	5亿美元以上市场，且上一财年已经实现最少500万美元回款	3~4人	800万美元	510万元	人力320万元，平台60万元，合计380万元	回款600万美元

既有国家市场评估

选择之后要进行总结和评估。拉斯洛·博克（Laszlo Bock）在《重新定义团队》中提出，管理者从负责提供直觉的人转变为搜寻真相的引导者，每个决策都依据最有用的事实作出。谷歌坚持的核心准则是"不要耍政治手腕，用数据说话"。

表1-2是市场评估模型，这个模型比较适用于商用市场，可以基于公司业务情况来调整指标。

表1-2 市场评估模型

维度	指标类型	指标名称	指标计算公式	权重
历史业绩	金额指标	签单金额	得分=该组织签单金额/平均值×100%，最高100分	20%

（续表）

维度	指标类型	指标名称	指标计算公式	权重
历史业绩	金额指标	回款金额	得分＝该组织回款金额/平均值×100%，最高120分	50%
	百分比指标	回款目标达成率	得分＝计算区间内平均目标达成率×100%，最高100分	15%
		回款增长率	得分＝计算区间内平均增长率×100%，最高100分	15%
未来潜力	金额指标	水库金额	得分＝该组织水库金额×把握度/签单目标/3×100%，最高100分	25%
	百分比指标	预计签单达成率	得分＝累计预计签单/签单目标×100%，最高100分	25%
	数量指标	指名客户数量	得分＝已经产生回款业绩的指名客户数量×20，最高100分	15%
		已产单渠道数量	得分＝已经产生回款业绩的渠道数量（与指名客户不能复算）×10，最高100分	15%
		市场容量	得分＝该国家服务器台数/盘点国家平均台数×100%，最高100分	20%

可基于业绩和潜力评估，将市场划分成高业绩低潜力市场、高业绩高潜力市场、低业绩低潜力市场、低业绩高潜力市场四种类型。对于低业绩低潜力市场，考虑关停并转；对于低业绩高潜力市场，要及时更换负责人员；对于高业绩高潜力市场，要加大投入和推广；对于高业绩低潜力市场，要控制投资规模，保证利润（图1-1、表1-3）。

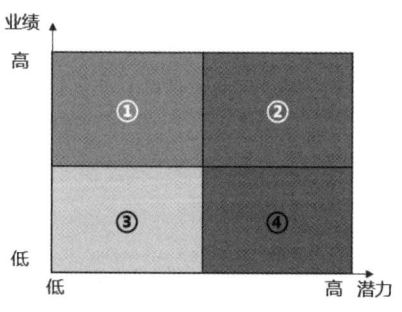

图1-1　市场评估四象限模型

表 1-3　市场评估对策表

位置	类型	对策
①	高业绩，低潜力	继续挖掘或维持，控制投入，培养人才
②	高业绩，高潜力	总结经验，维持势头，加大投入
③	低业绩，低潜力	考虑关停并转
④	低业绩，高潜力	更换人员、转变策略，逐渐加大投入，但要控制投入节奏

五、如何做好海外业务规划

海外业务规划的难度很大，无论是 SP 还是 BP，都需要清晰的逻辑和思路。每个国家的情况都不一样，无法笼统地按照行业线去分析。有时我们会发现海外市场业务规划很乱，看上去大而全，实际只是信息的简单堆积，对业务的实际指导作用很有限。

本书在"谋篇布局，科学决策"中已经谈到一些对业务规划的建议，提到了与市场布局和规划相关的两个关键问题，一是发展目标和延续性问题，二是开拓模式问题。本部分会就此继续展开，从海外整体到具体某个国家的规划逻辑设计，包括 SP 和 BP。

我们做任何一件事情，首先要回答的是目的，即作规划的目的是什么。海外业务规划的目的总结而言：第一是统一思想，即要有总体的策略指导；第二是在各国落地，即要有各个国家的路径和落地计划。总体有策略，各国能落地，是规划的指导思想。

统一思想

统一思想也就是统一海外市场整体策略，这个内容无论是 SP 还是 BP 都要体现。海外业务规划要体现延续性，每年都要回顾是不是在按照这个策略执行，存在什么样的偏差，原因是什么，是否需要调整。

（1）市场布局问题。即开拓哪些国家市场，哪些是重点，3～5年的节奏如何安排，如何评估调整。市场布局问题还包括生产中心、交付和运营中心、备件中心、服务中心如何设置和辐射等。

（2）开拓模式问题。即是出差还是本地化，在什么情况下可以建立本地平台。

（3）主推产品问题。即卖哪些产品，哪些是主推，哪些只是尝试，甚至哪些明确不推。另外，还要明确什么情况下可以做定制，要限制哪些定制，应聚焦资源，不要看到机会就去做。

（4）行业选择问题。即针对哪些行业，哪些是主要行业，哪个行业只是尝试。3～5年的行业开拓节奏要与公司的优势和能力相结合，不要好高骛远。

（5）销售模式问题。即采用什么销售模式，是直销、分销，还是厂商＋代理。

（6）营销管理问题。即围绕客户、项目采用的管理方式是什么，谁负责，比如客户地图、客户攻击地图、项目立项和分析、项目定期复盘汇报等。

（7）推广方式问题。有些公司提出了"三板斧"的概念。华为的"三板斧"是邀请客户参观总部、邀请客户参加峰会或展会，以及邀请客户参观样板点，这是华为对主要推广方式的界定，各代表处都按照这个方式去规划和执行。

（8）队伍建设问题。海外队伍建设是根本问题，特别是干部培养，是主要依靠自己培养，还是外部招聘？中方人员和外籍人员的配比和角色定位是什么？外派人员的待遇和通道问题如何规划？

（9）销售目标以及在主要国家的分解。海外总体销售目标是追求销售额还是利润？是追求倍速增长还是稳健增长？在主要国家的目标分解原则，是基于历史达成，还是基于目标潜力？新市场与老市场如何配合？关于这些问题，都需要审慎决策。

（10）海外整体资源需求。其包括整体资源投入预算，人、财、物的规划，以及这些资源在不同市场的分配原则。海外整体资源需求可根据历史需求达成，还可以目标为导向，如果以目标为导向，目标的制定就要合理。

以上十个部分属于海外整体的规划，这些需要负责人牵头梳理清楚，自上而下贯彻。

各国落地

各国落地要基于海外整体策略，也要考虑各个国家市场的差异，各国的规划，包括洞察、发展路径（策略）、销售目标、营销计划、资源支撑。

1. 洞察

洞察有三个层面，包括市场洞察、对手洞察以及自我洞察。洞察的目的是要形成结论和判断，而非堆积信息。这里的问题是SP和BP的区别是什么，除了时间跨度不同，两者可以从以下几个方面区分。

（1）市场洞察部分。SP关注趋势，比如市场规模和3～5年趋势、竞争态势和3～5年趋势、行业分布和3～5年的趋势变化；BP关注突破机会，比如目标行业的新变化和热点，哪些应用在快速发展，哪类公司在快速成长，这些对我们意味着什么。

（2）对手洞察部分。SP要看整体，包括对手的组织架构、业务布局（优势行业和重点客户）、渠道架构和政策，甚至重点对手的发展历程（对于后进入者可以参考），是相对比较全面的研究；BP要看当年的变化，对手的人员和业务调整对我们意味着什么。

（3）自我洞察部分。SP和BP里面都有回顾，区别是SP要向前追溯3～5年的开拓历程、3～5年的数据和经验得失，按照人员、客户、渠道等维度的业绩分析，业绩到底来源于哪里，目的是要总结出适合我们的是什么；BP可以主要回顾上年的规划执行情况，重点工作任务是否合理，也要对数据按照不同维度进行分析，避免整体掩盖部分。

2. 发展路径

发展路径也可以理解为一个国家的业务发展策略，可以简单做成

表 1-4 和表 1-5。制表的目的除了表述清晰，也是为了避免长篇大论。这个内容 SP 和 BP 可以相同，也可以稍作调整。

表 1-4 SP 发展路径表

时间	2024 年	2025 年	2026 年
目标行业策略			
重点指名客户			
主推产品策略			
主要销售模式			
渠道发展策略			

表 1-5 BP 发展路径表

时间	2023 年回顾	2024 年计划
目标行业策略		
重点指名客户		
主推产品策略		
主要销售模式		
渠道发展策略		

几点说明：

目标行业策略一定要区分主次，甚至主要的只有一个行业也行，回顾可以统计各行业的业绩占比。

重点指名客户可以是现有产单客户，也可以是目标客户，是能够贡献 70% 业绩的客户。

销售模式在营销计划部分还会展开说明，这里列出在该国家主要采用的销售模式即可。

渠道发展策略与销售模式密切相关，我们要想清楚渠道的职能定位，不同类型渠道的主要作用是什么，以及对分销的策略定位。

如果以上内容用表格不好体现，也可以就每项内容展开一页 PPT，既有统计分析，又有未来计划。

3. 销售目标

销售目标的设定和分解较难，展现反而比较简单，表1-6只是举例。公司可以根据需求灵活调整。SP和BP的思路一样，只是时间长度不同。

表1-6 销售目标设定表

维度	目标	2022年实际	2023年实际	2024年计划	2025年计划	2026年计划
财务	回款目标					
市场	占有率目标					
产品分解	产品1					
产品分解	产品2					
产品分解	产品3					
行业分解	行业1					
行业分解	行业2					
行业分解	行业3					
TOP5客户	客户1					
TOP5客户	客户2					
TOP5客户	客户3					
TOP5客户	客户4					
TOP5客户	客户5					

4. 营销计划

营销（销售）计划是对以上路径的落地，把路径转换成营销工作计划是一个销售单位规划的核心。营销计划主要包括如下几个部分。

1）客户攻击地图

客户攻击地图是对前面重点客户展开的攻击计划。表1-7和表1-8是SP和BP的客户攻击地图参考表格，可以根据需要调整表格内容。

表1-7 SP客户攻击地图

客户	选择依据	销售模式	合作伙伴	2024年目标	2025年目标	2026年目标
客户1						
客户2						
客户3						
客户4						
客户5						

表1-8 BP客户攻击地图

客户	需求或重点项目	合作伙伴	业务进展及问题	年度目标（含过程目标）	年度工作计划（里程碑）
客户1					
客户2					
客户3					
客户4					
客户5					

几点说明：

选择依据是为了思考选择客户的逻辑，是因为规模大、有知名度，还是因为销售能力可以触达。

列出几年的目标是为了体现长期经营的思想，客户攻击需要有长线思维，任何突破机会以长时间的跟踪和积累为基础。

可以针对每个客户做一页PPT，即做成一个简单的客户挂图，把工作计划展开说清楚。

2）渠道拓展计划

在SP里要重点规划渠道架构或渠道布局，明确不同渠道的职能定位、每种渠道计划发展的数量，以及每种渠道拓展的来源。

在BP里要制定重点渠道拓展计划，渠道有一个筛选过程，在SP里很难列清楚（表1-9）。

表 1-9　BP 渠道拓展计划

渠道	业务情况（选择依据）	针对行业及重点客户	合作进展	工作计划
渠道 1				
渠道 2				
渠道 3				
渠道 4				
渠道 5				

几点说明：

渠道也有选择依据问题，并不是大的就一定适合，一定要基于目标行业、目标客户，并与我们的商业模式匹配。此外，渠道应与新厂商的合作相适应。

针对客户主要是对指名客户拓展的渠道，当然也可以列明分销或针对非指名客户的渠道。

同样，如果业务中渠道很重要，需要就渠道展开讨论，也可以针对每家渠道做一页 PPT，介绍一下历史合作情况、工作计划和项目机会。

3）市场推广计划

持续性的市场推广计划不仅便于客户认知品牌，也对渠道的招募和拓展大有裨益（表 1-10、表 1-11）。

表 1-10　SP 市场推广计划

方式	说明	2024 年计划	2025 年计划	2026 年计划
本地展会				
客户研讨会				
网络媒体				
邀请参观				
其他				

表 1-11 BP 市场推广计划

方式	具体计划	费用预算
本地展会		
客户研讨会		
网络媒体		
邀请参观		
其他		

5. 资源支撑

首先是组织架构和人力资源需求要与销售目标匹配，包括设置哪些职能和二级团队，人员希望总部外派还是本地招聘等。

其次是其他职能支撑的需求和计划，在此不再展开说明（表 1-12、表 1-13）。

表 1-12 SP 资源需求计划

资源	具体要求	2024 年计划	2025 年计划	2026 年计划
售后服务				
本地测试或展示中心				
本地办公室及宿舍				
本地签单或运营				

表 1-13 BP 资源需求计划

资源	具体需求说明	费用预算
售后服务		
本地测试或展示中心		
本地办公室及宿舍		
本地签单或运营		

最后加上一个简单的损益表即可，包括收入、毛利、费用、净利，费用分为人力费用、业务费用、平台费用。

规划的常见问题

最后简单谈谈规划常见的问题，包括 SP 和 BP。

第一个问题是 SP 规划与 BP 脱节，BP 规划与年度工作计划脱节。规划汇报完之后，我们制定工作计划、制定 KPI 时就会把规划抛到九霄云外。其中一个原因是模板存在问题，浮于表面的分析和策略太多，这就是我倾向用表格的原因：BP 直接承接 SP，工作计划直接承接 BP。

第二个问题是没有统一的思想，各自为政。思想是源于实际的，是对实际情况的总结提炼，既不是闭门造车，也不是简单复制。思想要体现集体智慧，自上而下贯彻。

第三个问题是不谈组织和人，不涉及组织建设和管理。任何规划的落地都要靠人执行，如果人能力不行或组织管理不行，再好的规划也形同虚设。

第四个问题是缺少落地路径，这个与第一个问题有一定的相关性。缺少落地路径就会与实际工作计划脱钩。统一思想之后，对每个国家的路径都想清楚，并将其直接落实到营销工作计划中。

第五个问题是规划变成了写手的思路。具体写作规划的是部门专门负责写规划的人，规划被写成一个个业务模块，然后领导点评和修改，此时规划就难免变为零散的堆积和写手的思路。

第二章　海外销售模式

本章专门介绍销售模式，依然属于顶层设计的内容。模式是方法和路径，销售模式直接影响销售成败。业务开拓，"模式先行"，故单独用一章展开说明。

本章包括五部分内容，第一部分论述了销售模式选择常见的问题，介绍了典型的销售模式以及其适用条件，并对销售模式选择提出了一些建议。第二部分论述了市场的差异性，差异无处不在，差异是创新的土壤，基于这些差异性，要有多样性的模式选择，要避免"统一做法"的陷阱，当然也要避免多样化的弊端。第三部分论述对合作伙伴的三个"再认识"，也是对合作伙伴在销售模式中的定位的再认识，包括对渠道功能、政策和发展阶段的再认识。第四部分论述了核心竞争力，核心竞争力既是销售模式的支撑也是销售模式的巩固，只有建立了竞争优势，才能保持业务的稳定和延续，我们尤其要重视人和服务等软性竞争力的建立。第五部分论述并购合资，这是一种开拓海外市场的路径，有成功的典范，也充满了风险，需要结合业务发展需求，鼓励尝试以营销为目的的并购合资，以实现对市场的突破。

一、销售的成功在于销售模式选择的成功

公司业务的成功一定是商业模式的成功，销售的成功也一定是销售模式的成功，如果没有适合的模式，想怎么做就怎么做，一会儿这样，一会儿那样，则不可能成功。我称之为"模式先行"。

销售模式就是如何将产品销售给最终客户。销售模式包括直销模式、分销模式、代理合作模式、原始设备制造（Original Equipment Manufacturer，OEM）模式、原始设计制造（Original Design Manufacturer，ODM）模式、联合设计制造（Joint Design Manufacturer，JDM）模式、一次性工程费用（Non-Recurring Engineering，NRE）模式等，还有其他延伸出来的一体化交付（Turn Key）模式、L11（整机柜）交付模式、软硬件整体解决方案模式，甚至针对组装市场的部件销售模式（L6 或部件），都可以归为销售模式的概念。由于业界在使用 OEM 和 ODM 概念时，有时候会混淆代工和贴牌，比如 OEM 贴牌用得更多，我们后面也不做严格区分。

我认为海外销售最重要的是选择合适的销售模式，业务的成败关键在于销售模式是否适合公司、是否适合市场。当然模式不是一成不变的，可以根据公司影响力、竞争形势进行优化调整。比如中国家电企业"出海"，无论是海尔、海信、美的，开始大多选择了贴牌或代工模式，然后通过收购推行多品牌策略，建立本地销售渠道体系。

销售模式选择问题

1. 路径依赖问题

比尔·盖茨说过，成功是一位糟糕的老师，它引诱聪明人相信自己不可能失败。

路径依赖（Path-Dependence）是指人类社会中的技术演进或制度

变迁均有类似于物理学中的惯性。即人类一旦进入某一路径（无论是"好"还是"坏"）就可能对这种路径产生依赖。一旦人们做了某种选择，就好比走上了一条不归之路，惯性的力量会使这一选择不断自我强化，轻易走不出去。

销售模式也存在路径依赖。公司通常会复制在中国国内或其他某个区域、某个典型客户的销售模式，并按照这种销售模式去设计组织架构，招聘销售人员。从个体层面来讲，销售模式会影响销售行为和思维惯性，比如一直习惯直销的客户经理可能很难与代理真正长期合作，一直做渠道的销售也不擅长做直接客户，一直做贴牌或白牌（即没有品牌）的销售拓展的客户也是这种类型。所以招聘的人员要与公司销售模式相匹配，当然也可以通过销售带来新型销售模式。

比如某公司有个区域招聘了一位来自中国台湾白牌厂商的销售人员，带来了一些白牌组装客户，销售的是 L6 产品，该区域就一直把 L6 作为了重点，因为品牌业务举步维艰，向外延伸的客户也都是这个类型，这其实是在复制中国台湾厂商的销售模式。

2. 立足点问题

曾仕强在《易经的智慧》中说："慎选立足点，是做任何事情开始的第一个原则。"

所谓立足点，有两层意思。第一，任何事情都要有立足点，这是依据，也是根基，就是选择不同销售模式的依据是什么，任何销售模式都有其前提条件。公司现在是否满足了相关条件并具有一定的比较优势。关于这一点，我们在典型销售模式里再进行分析。第二，一段时间内要坚持立足点，即选择了销售模式一定要坚持一段时间，要积累到一定程度，或者有了充分的验证才去优化或调整，不能一会儿往东一会儿往西，这样不会成功。比如我们不能一开始做直销，与本地代理直接竞争，一旦做不动了，就掉头找代理合作。

比如某公司在一个区域最开始采用出差的方式与本地集成商合作，但是后来由于公司要求直接攻克大客户，不再支持渠道业务，于是销售模式转向了直销，直接与本地集成商竞争。经过一段时间，该公司发现很难与本地集成商竞争，有些项目不是打个低价就能中标的，很多技术问题无法解决，于是又转向去与代理进行合作，该公司的销售模式变成了有时候直销，有时候通过代理，如此一来，与代理的合作模式就不会很紧密。华为当年公开喊出了"被集成"的口号，自己打下的单子也必须通过代理走，给代理喂单，以换取代理的忠诚和交换。这也是为了规避风险。

典型销售模式

我们选择部分典型销售模式（表2-1），分析优劣势和成功因素。所谓成功因素，也是选择该销售模式的条件，就是前面说的立足点问题。如果不具备这些条件，或者没有做好准备，就很难成功。

表2-1 典型销售模式

销售模式	模式说明	优劣势	成功因素
大客户直销模式	专注大客户直接销售	优势：直接获取需求，把控客户关系 劣势：周期长，难度大，业绩压力大；客户超低价预期，更多采用价格手段，盈利困难	• 选择准客户 • 合适的销售人员 • 持续性资源投入
代理合作模式	与ISV/SI合作开拓指名客户	优势：广泛利用代理资源，寻找潜在客户，利用代理关系，缩短开拓时间 劣势：依赖代理关系，无法把控项目和价格；成功率相对不高	• 选择准代理 • 持续培育 • 销售推拉结合
分销模式	借助分销体系覆盖市场	优势：盈利较好，增强市场覆盖 劣势：初期规模小，上量周期长，体系化支撑要求高	• 品牌拉动 • 体系支撑 • 持续培育
ODM/OEM模式	不直接做客户，贴牌销售	优势：依赖本地化品牌，很少投入 劣势：无市场根基和知名度，与客户没有关系，易被替换	• 模式匹配 • 产品灵活多样
JDM定制模式	与客户联合开发定制	优势：差异化产品，客户依赖度高 劣势：能够支撑定制规模的客户较少；资源投入大；绑定性较强，客户决策谨慎，周期较长	• 客户选择 • 资源强依赖

本部分重点分析指名客户销售模式。指名客户销售模式包括了大客户直销模式和代理合作模式，根据主导方式不同，我们进一步将其分为三种开拓方式：厂商主导、代理主导和厂商＋代理（表2-2）。

表2-2　指名客户销售模式

对象	销售模式	开拓方式	针对客户	典型突破方式
指名客户	大客户直销模式	厂商主导	战略客户（大型）	• 超低价竞争 • 客户关系拉动（碰到合适的客户经理或者持续足够长的开拓时间） • 竞争对手给的机会（比如在坚持中出现的竞争对手供货问题） • 联合研发
	代理合作模式	厂商＋代理	战略客户（大型） TOP客户（中型）	• 双方共同推进的客户关系 • 低价竞争 • 代理的服务或商务能力 • 有竞争力的产品方案
		代理主导	一般客户（小型）	• 代理的客户关系 • 代理的集成或方案或服务能力 • 差异化或者有竞争力的产品 • 贴牌

1. 大客户直销模式

大客户直销模式成功的关键因素有三点。

第一，选准客户。"胜兵先胜而后求战"，不是"先战而后求胜"，不是来个项目就冲上去，更不是有名的客户都是指名客户。首先我们要调研分析客户，了解客户的需求；其次应评估公司的满足度，分析是否有突破点；最后评估难度和时间，评估资源。这些都做到了，才可以选准指名客户。对于客户的项目运作也是一样的道理：需要先了解清楚项目的需求，来个项目就上的模式，是对资源和信心的巨大消耗。我们很多时候不是缺少项目，而是缺少清晰而且靠谱的项目。比如有个客户在业界知名度较高，我们从名字上将其认定为指名客户，配置了销售，从总部介绍关系，搞了高层拜访，最后仅落单14台设备，即使后来参与了其公司的标准化招标，发现年需求也只有300台，而且要求苛刻，一出现问题就要更换机器，且要求人员驻场。从需求量和支撑能力而言，我们就不能将其认定为指名客户。

第二，选择合适的销售人员。所谓合适的销售人员，首先，围绕客户找销售人员，销售人员要有一定的客户关系。比如为了突破某个大型客户，招聘了认识该客户的一些销售人员，销售人员面试时说认识谁，真正开展工作才发现认识的这些关系要么不起作用，要么因大客户组织复杂，很难搞定。其次，要适合公司目前的发展阶段。销售人员在原有平台取得成功，但换个平台不一定成功，要看该销售人员是否能适应新的平台并发挥才能。比如我们从Dell或HPE招聘销售人员，成功率并不高，看上去这些销售人员在以前的平台有很好的业绩，但是这些业绩很多是团队的，或者是延续性的业绩，很少有开拓性业绩。最后，要适合客户开拓的目标和阶段。要考虑对该客户的目标及对该销售的定位。是持续做关系，短期不看业绩，还是要短平快，要求快速突破有业绩？考核方式和待遇模式是否适合这个阶段和这个人，也是需要考虑的问题。比如，某公司配置专人持续性投入日本NTT（日本知名的电信运营商），目标并不是提升销售额（因为很难实现大规模销售），而是为了获取该客户的测试报告，并在重要的会议上让客户出面介绍测试结果（其实是为了获取客户证言）。

第三，持续性资源投入。资源包括人财物，且与时间相关。要有对时间的预估，客户的选择结合短期和长期。如果都需要长期投入，公司资源将很难坚持。

2. 代理合作模式

代理合作分为厂商+代理共同推进，及以代理为主导推进。

对于大中型指名客户，我建议采用厂商+代理模式。利用代理的作用很容易理解，比如代理可以快速了解客户需求，代理可以承担一部分资源投入，代理已有一定的客户关系基础，及使用代理可以缩短培育和开拓的时间。但是即使这种方式有这些优势，如果完全指望代理，厂商不跟客户接触，也很难成功。所以，这种模式成功的前提也有三个。

第一，选准代理。要根据客户找代理。代理为什么要跟你合作，因为他看到了赚钱的机会，而不是他想帮助你从头开拓这个客户。往往是厂商已经入围了，或者已经有了小规模突破，这时候代理才会愿意跟厂商合作，如果厂商什么都没有，代理也不会那么卖力。还有一点很重要，我们要选择适合公司业务目前发展阶段的代理，而不是只认大型或TOP级的代理。比如在某个国家，我们用了几年的时间持续攻克某个客户，终于把测试机送进去而且测试通过，但是能否入围还要客户高层的认可。很快业界就知道了我们测试通过的消息，有渠道主动联系我们，说有客户高层关系，可以帮助我们实现入围，但是要让他们做代理。我们同意了，于是代理带着我们去见了高层，最后实现了入围和突破。

第二，持续培育。代理是培育出来的，互相了解产品、适应做事方式需要一些时间。当然，代理也有一定的合作惯性，除了那种什么品牌都卖的分销或大型集成商，以重点客户为中心的代理往往具有合作惯性，不会轻易换品牌。所以你挖别人的代理很难，同样，你培育出来的代理，别人来挖也很难。一个国家的业务，往往都是已经合作几年甚至十年以上的代理带来的。

第三，销售推拉结合。如果你自己都不知道怎么干，也不想直接去干，想找个代理帮你都干了，这基本上是不可能的。而且客户都见不到厂商，也就很难轻易相信代理的推荐。还有很重要的一点，厂商要获取真实的信息。不是说代理的信息不真实，而是他不可能告诉你全部的真实信息，因为代理的目的是赚钱，尽可能增加利润。比如，在某个国家的汽车制造客户，我们开拓了多年，一直找不到合适的客户经理直接跟进，而主要是依靠一个有一定关系的代理。有时候我们能够以低价中标，但是其他项目不了了之，也不知道丢标的原因是什么，无法获取真实的项目信息。

代理主导的方式主要针对小型客户。代理依靠其关系、技术能力、服务获取客户订单，厂商销售只在背后支持，很少直接接触客户。这种情况下渠道销售相当于厂商销售的延伸，也可以归在分销模式下的二级代理，核心是选择和培育。新厂商如想找到愿意一直合作的二级代理，且主要依靠代理的力量去拓展客户，这很不容易，需要厂商具有一定的比较优势，包括价格、差异化产品、灵活的商务政策、与代理的关系等。

销售模式的几个建议

1）业务规划必须规划模式

做一个国家的业务规划，必须规划采用什么销售模式，采用这个销售模式的原因是什么，而不是复制某个大客户的成功模式。做一个客户的客户挂图，我们也必须说清楚采用什么销售模式，以及是否准备好了这种销售模式所需要的时间、与其他客户的中长期搭配、所需要的人、所需要的合作伙伴、所需要的资源。

2）根据模式选择销售

是先有人后有业务，还是先有销售模式再去找人？当去到一个市场，在我们什么都不知道的情况下，就存在先有人后有模式的情况。比如像前面提到的，碰巧招了一个在中国台湾厂商做贴牌或白牌的，业务模式就会向这个方向发展。如果有明确的规划（我们知道自己在哪里，需要去哪里），主动设计销售模式，然后按照这个模式去招人，这就是先有模式后有人，而这也是我较为青睐的模式。

3）要考虑区域差异

成功的模式可以复制，甚至某个模式在大部分国家都可以复制，但是有时要看阶段和复制能力。全世界知名度很高、很强势的品牌，它的复制能力就很强，就可以把本土成功的模式直接推行到其他国家。但这对于弱势品牌和新品牌而言就很难。在全世界复制超级销售（TOP Sales），却发现非常困难：当地的品牌、平台，甚至管理和文化，无法吸引类似的 TOP Sales。所以，可以考虑复制，但是必须考虑差异。

二、在统一性和多样性之间取得平衡

原本我想定的标题是"一国一策","一国一策"是华为的说法,但我觉得有点绝对。如果太强调差异化也有问题,会让人感到无所适从。因此,本节的标题现在是"在统一性和多样性之间取得平衡",因为多样性是创新的土壤。

"出海"的企业业务各异,发展阶段也不一样,这时候需要发挥主观能动性,创新商业模式,因地制宜地尝试不同的开拓方法,所谓"八仙过海,各显神通"。

差异无处不在

海外业务发展阶段不同应该用不同的打法。中国革命战争有三种基本作战形式:运动战、阵地战、游击战。1938年5月,毛泽东在《论持久战》中指出抗日战争三个战略阶段的作战形式:第一阶段,运动战是主要的,游击战和阵地战是辅助的;第二阶段,则游击战将升到主要地位,而以运动战和阵地战辅助之;第三阶段,运动战再升为主要形式,而辅之以阵地战和游击战。

游击战,强调流动性和机会的抓取,适合初级国际化阶段的尝试和探索,以及新行业的业务开拓。运动战需要在较大空间,依靠优势兵力速战速决,适合针对某个行业的纵深拓展和复制,是初级国际化的本土化阶段。阵地战是坚守阵地进行防御,或对据守阵地的敌人实施进攻,适合已经完全实现本土化的跨国企业。而全球化企业阶段的战争思维要转向生态、合作、引导和责任。

除了我们常谈的文化差异,每个市场的竞争环境、客户属性、招标模式、销售模式、服务提供方式等不同,以及客户的忠诚度、对供应商的依赖性、对质量的关注点、对关系的处理方式、潜规则的容忍度等也不同。此外，渠道的忠诚度、商业链条的透明度、渠道与厂商的分工界面、渠道的发展方向更不相同。

这些会影响到我们采用的销售模式、渠道模式、服务模式，也让我们重新思考客户关系的内涵和影响，渠道政策的通用性和适用性，组织架构和构成的合理性等。我们在管理多个国家的业务并制定政策的时候，一定要反思这些政策是否能通用，我们是基于大多数国家的调研和实践推出的政策还是基于对国内经验的认知推出的政策。

举个例子，对于质量的认知，有的看能耗高低，有的会关注噪音，有的会看内在布线的美观度，还有的会先看外观的整洁度。有一次，我们向日本市场销售产品时，第一次收到反馈的质量问题是机箱上面有明显的手印，对方用高清相机拍了照片，确实有明显的手印。我们就要提出后续的控制措施，比如为日韩客户留出专线、增加检查工序、更注重外观检查等。据说，当初华为拓展 KDDI（日本的一家电信运营商），KDDI 派了资深认证官福田审核华为，福田在生产现场用随身携带的白手套擦拭灰尘，用放大镜勘验焊点的质量，用手电筒观察设备和料箱是否有灰尘。

多样性是创新的土壤

蒂姆·哈福德（Tim Harford）在《混乱》中说道，强调单一的文化认同关闭了学习的大门，也削弱了人类社会的适应力。任何系统，包括生物、经济或社会，如果变得如此单一，也会变得僵化，难以自我进化；如果某一系统，在结构上鄙视、限制实验，不允许差异和多样性的存在，并消除了这一创新的原材料，从长期来看，将注定灭亡。

一片土地如果每年都种植同样的农作物，而且用除草剂把各种杂草都除掉，这块地不超过 3 年一定会废掉，土壤不会再有营养。一个国家如果采取严格的移民措施，排斥外来文化，内部也限制不同阶层的流动，这个国家一定不会有创新的潜力和发展的活力。一个城市如果只有一种产业规划，这个城市绝对不会有发展前途，也会丧失活力。北京个别区域把街头店面换成了统一制作的招牌，这个区域就缺乏了生命力。一个企业如果既不能容纳外来新鲜血液带来的新思想，也缺乏每年补充新员工的新陈代谢机制，且思想和方法高度统一，没有差异只有标准，没有讨论只有服从，这个企业就不会再有快速增长和创新的潜力。一个人如果已经开始拒绝学习和吸收来自他人和书本的知识，沉浸于自己的成功经验而夸夸其谈，这个人也就开始走向下坡路，不会再有新的提升和飞跃。

组织涉及核心价值观层面时，必须"统一思想"，但是涉及工作方法和创新就需要差异，"千人之诺诺，不如一士之谔谔！"

避免"统一做法"的陷阱

核心价值层面要"统一思想"，但是不能扩大化到所有行动。"统一做法"的陷阱包括以下几个方面，应予以规避。

1. 走偏的指标

标准或要求变成了指标，并将指标变成了考核项目，就会为了达成指标而抛开了当初制定指标的目的。比如要求本地化率（外籍率）要达到70%，我们为了完成这个指标，尽量减少外派，多招聘外籍，甚至在招聘时认为只要不是中国人就行，不再去研究人员如何搭配才是有效的、候选人本身到底能带来什么价值，这就走进了误区。

布莱尔（Blair）在其任英国首相时为了让病人预约之后能够尽快得到医治，提出了一个指标，要求医疗机构在病人预约之后48小时内必须给病人医治，并作为医疗机构的考核项目。结果造成大量病人打不通电话，无人接听也就无法预约，没有预约就无法在48小时内医治。

2. 复制代替创新和借鉴

复制是一个很好的方式，可以快速推广。但是有时复制效果并不好，第一是因为某个项目的成功有很多偶然因素，如销售在汇报时夸大了主观因素，总结出来的成功经验往往会偏离事实；第二是因为各国市场环境不同，商业惯例和商业模式也存在差异，在中国成功的互联网模式在日本复制未必能成功；第三是因为有些销售人员较为自负，不容易信服别人，他们未必会去了解和思考这个成功案例。

所以，可以将复制变成借鉴，但在借鉴的基础上需要进行创新。

3. 成功陷阱

一般而言，成功的人往往更容易相信自己下一次也能成功，其更容易将成功归结为能力、胆识、判断等个人因素。通常成功者很难去倾听别人的经历和实际案例，他们的第一反应是排斥和否定。

瑞典有一项调查表明，90%的汽车司机认为他们的驾驶技术在平均水平线之上。那些成功的推销员（比如投资顾问）经常公开声明他的业绩高于平均线，尽管事实恰好相反。

4. 失败的正当理由

统一思想，统一指挥，统一做法，如果成功了，那是领导有方，如果失败了，那就是理解和执行不到位。

一线负责人如果有指标约束，他们会想办法先去完成指标，然后在自己理解的基础上去灵活执行统一的政策。如果成功了，他们会向领导汇报自己领悟到位，执行到位，皆大欢喜；如果失败了，就为自己的失败找到了理由：我们这个地方太特殊了，我们的发展还没有到那个阶段，公司的产品不适合，公司的支撑模式不匹配。

警惕多样化的弊端

避免了"统一做法"的陷阱后，我们也不能一味强调多样性，要警惕多样化的弊端，不要让差异成为借口。

1. 以文化差异作为幌子

有时我们会进入文化差异的圈套：不是客观差异有多大，而是我们认为差异很大，甚至是惧怕差异或者利用起了这个差异。比如，公司在某个区域很难执行业绩考核政策，于是找到了文化差异这一借口。"国代"说在这个国家保护隐私，不允许公开员工的黄牌警告；注重员工保护，公司不能以绩效差为理由辞退员工；不认可绩效考核，达不成绩效也得给员工发奖金。我曾经匆忙同一个业务水平不是很理想的试用期员工解除了劳动协议，就是担心转正后按照日本的文化和规则无法解除劳动合同，这其实某种程度上就是对差异的惧怕心理。

2. 以发展阶段不同作为借口

做海外业务那么多年，我最不愿意听到的一句话就是"我们海外业务还不成熟"。世界变化那么快，一个业务做了多年还不成熟，那需要多少年才能成熟？还有"在这个国家的业务刚起步，属于初期阶段"，其实属于什么阶段不能仅仅以业务结果为标准。如果一个市场做了五到十年还做不起来，应该是市场选错了，或思路和方法有问题，未必能界定为处于初期阶段。以业务结果主观界定业务发展阶段，为业务的不成功寻找客观借口，这种阶段差异反而成为业务不成功的借口。

3. 以公司支撑的差异作为理由

公司的海外业务总要确定重点与非重点，这个无可厚非，资源要集中，不能遍地撒网。公司的支撑资源会随着战略有所倾斜，这是客观规律。领导重视哪里，肯定就支持哪里。领导支持的力度会影响业务结果，但是不会起决定作用。那些获得良好支持的市场，不一定成功，而无法获得良好支持的市场，也不一定失败。但是无论公司如何支持，总会出现抱怨和不满的声音，并以此作为业务做不好的理由。

4. 差异到底是因还是果

差异导致了结果，还是结果凸显了差异，甚至导致了差异，这是一个需要思考的问题。如果业务成功，一切差异都成为了有利因素。如果业务不成功，一切都是因为差异，文化有差异，市场有差异，需求有差异，支持有差异。业务越不成功，这种差异就会越大。我们无法做标准化的统一市场，只能寻找别人不愿意做的生意，竞争激烈而且没有利润的生意，所以就进一步验证了差异："你们也看到了吧，市场就是这样，客户的需求就是这么苛刻，太难了。"

基于实践经验的创新

既不能凡事"统一做法"，也不能随便让一线将差异作为借口，这个分寸确实很难把握。对此，我提出的原则就是：基于多样性的实践，尊重事实和数据，总结创新提升。用一句话就是：来源于生活，高于生活。

在陈攀峰先生所著的《华为全球化》中，他提到任正非的观点："我们20年来，有自己成功的东西，我们要善于总结出来，我们为什么成功，以后怎样持续成功。再将这些管理哲学的理念，用西方的方法规范，使之标准化、基线化。这有利于广为传播与掌握并善用之，培养各级干部，适应工作。只有这样我们才不是一个僵化的西方样板，而是一个有活的灵魂的、管理有效的企业。"

三、对合作伙伴的三个"再认识"

自从做海外业务，我一直坚持要重视渠道的作用。中国企业"出海"一定要重视渠道，合作是我们企业"出海"的主基调。本部分内容以我个人的经历和海外业务发展不错的两家企业的渠道发展过程为基础，对渠道进行介绍。

为了说明方便，我们不严格区分渠道和合作伙伴的称谓，有时也会直接用代理，指的是一个意思。

三个"再认识"

第一，对渠道功能的再认识。提起渠道一般会界定为通路，是一种销售通路，就是可以直销，也可以借助渠道销售。而把渠道当作合作伙伴（Partner），就变成了企业界面的延伸（包括本地化的客户关系、本地化的技术支持服务、泛化的销售队伍），一种联合的销售模式，甚至会变成一种资本合作。这种功能定位的转变，也是我一直强调的：渠道是一种销售模式，甚至是商业模式。渠道是直线业务领导必须注重和直接管理的业务，而不只是由后台渠道部门去管理。后台渠道部门应该是支持部门，提供基于资源的支持和政策框架，具体如何做、如何管理应该在业务线。就像我们无法在后台成立一个叫客户部的职能部门，然后告诉业务一线，客户开拓政策怎么定，客户开拓怎么干。

第二，对渠道政策的再认识。渠道政策一定要具有延续性，讲究传承，不能一年一个样。就跟资本市场一样，渠道也注重预期业务。现在的渠道已经不是二十年前或十年前的渠道，特别是面对国外千差万别的市场环境，一定要注重差异。当然，公司要有全球性的渠道发展指导思想，包括对渠道的定位、成功的经验、失败的教训、渠道建议的模式、市场支持、基础工具支撑、与产出相对应的资源投入。但是，公司在具体执行时要因地制宜，坚持"全球化下的本地化"。这个要求很高，要求总部制定政策的人确实了解国外的渠道发展历程和现状，本地的"国代"或渠道负责人能够具有渠道操盘能力和授权。

第三，对渠道发展阶段的再认识。我认为渠道业务是一个讲究势能的、逐渐发展出来的业务；也是一个需要品牌拉动和系统化支撑的业务。当然这不是说提升了品牌知名度，建设好了系统化支撑，再去发展渠道，这不是先后关系，而是相辅相成的关系，也就是势能。说白了，渠道是趋利的，而且是"不见兔子不撒鹰"。如果厂商都不投入资源，没有配套政策，只指望渠道去开拓市场，除非渠道确认能赚钱，否则是不可能的。如果厂商不愿意持续做本地化的品牌拉动，以及系统化的技术支撑服务建设，只指望渠道去压货然后卖出去，除非供不应求，否则也不可能。所以这个势能，包括战略客户的突破、持续的品牌拉动、本地技术服务支撑，以及后台基础性的业务工具支撑。渠道看到了，就会找上门来，毕竟能赚钱的好生意不好找，这样就能变成一种良性循环。

带着这些再认识，我们来看看华为和我个人经历过的渠道发展经历，最后再看看超微的渠道模式，以及能给我们带来的借鉴意义。

华为的渠道发展经历

以下关于华为的渠道经历，整理自陈攀峰先生所著的《华为全球化》。

2004年，华为在德国签了一些代理商销售数通产品，渠道采用买断模式，华为提供3%的备件。

2008年，华为和赛门铁克（Symantec）合资成立了华为赛门铁克公司，意在借助赛门铁克打开国际市场，2012年，华赛被华为全资收购，华赛在海外的渠道体系成为华为企业业务国际渠道体系的基础。由于品牌、产品及渠道支撑体系不成熟，渠道大多持观望态度，能够与华赛合作的多是中小型的渠道，大的渠道很难建立合作，这个阶段的项目合作多是华赛自己拓展让利给渠道，或者华赛与渠道共同拓展，渠道独立做成的项目属于少数。

2012年，华为找了思科、IBM顾问进行企业业务咨询，设计了详细的渠道政策，包括渠道架构、压货政策、返点政策，但是运作一年，根本就转不动，以失败而告终。

2013年，华为在苏州针对海内外渠道业务召开了战略研讨会议，此研讨会确定了以下渠道体系建设策略。第一，坚持被集成的战略。第二，以战促和，一手抓大客户，一手抓渠道。其中的一个基本认识是渠道是不会主动与华为合作的，也不会主动去推广华为的产品，更不会主动去压货，只能以战促和，通过大客户建立信心，打下项目，通过渠道走货，带动渠道的合作。第三，以营促销，营销并重。营的价值就是提升公司面向企业客户的品牌，拓宽销售管道。第四，构筑渠道能力和队伍，发展专业化渠道。重点发展能力型渠道，而不是通路型渠道。能力型渠道就是能提供解决方案、专业服务、商业融资，以及客户关系能力的渠道。通过费用补贴，让渠道设立华为专职销售队伍，扩大销售队伍规模。第五，"一国一策"的渠道策略。渠道业务具有很强的本地属性，各国行业特征不同，商业模式不同，很难做到一个渠道政策适配所有国家，应谨慎优化和调整渠道政策。第六，战略投入，让利渠道。发展渠道不能只想收获不想播种，不能总想着华为不吃亏而把风险都留给合作伙伴。

2018 年，华为在苏州召开企业业务的第二次战略研讨，从"被集成"到"Huawei Inside"。

我的渠道业务经历

2010 年到 2014 年，我在公司第一个开始尝试 OEM/ODM 贴牌销售模式，寻找的都是本地 OEM 品牌厂商或者白牌代理商，采用 RMA（Return Material Authorization，退料审查）服务模式，远程提供技术支持，在本地没有人员，采用出差模式。公司在部分区域也发展了品牌渠道，采用买断模式，随货提供备件。其间我们想学习超微的渠道模式，但是没有成功，后面单独分析。

2015 年到 2016 年，公司要求采用大客户销售模式，招聘 TOP 级销售直销，不支持发展渠道，也没有支撑政策。公司在部分国家依然保持渠道合作，主要是围绕大客户寻找渠道。我个人所负责的区域还是在坚持培育发展渠道，但是按照华为的说法是能力型渠道，主要是有客户关系的、有技术和方案能力的渠道，不是分销渠道。

2017 年到 2018 年，由于部分区域的直接客户开拓不顺，公司在关注的战略区域发展大型分销，让分销压货，甚至在商务条件上允许退货，这就是代卖模式，最后压货卖不出去退回。公司在部分国家也要求寻找 TOP 级的分销商，与分销商签订合作协议，基本上都没有实现销售。这个阶段是对分销业务的一次积极探索，基本上以失败而告终。其间也有个别集成商或 OEM 渠道为了尽快交付而提前备货，但是并不是分销。

2019 年到 2020 年，公司换了业务领导，主要是复制某通讯公司的大客户销售模式。在此期间比较成功的渠道大多是关系型渠道，即围绕客户或项目合作的渠道，比如俄罗斯围绕客户的渠道比较成功，开拓了一些新的客户，实现了电信、中型互联网以及个别金融客户、政府客户的突破；韩国围绕项目的渠道比较成功，开拓了一些新的项目，主要是集中在教科研的 HPC 行业。

2021 年到 2022 年，公司重新尝试提出分销压货，部分是以前的集成商提前备货，性质界定为分销压货。公司将分销压货提升到战略层面，落实到任务和考核中。

超微的渠道模式

除了在美国针对大型互联网公司，在个别体量大的区域（比如日本、西欧）设有本地直销团队，在其他区域超微较少做直销，而且渠道业务也大多归中国台湾地区或美国直接管理。超微在全球很多国家基本上没人，或者人很少，但其业务做得不错，这是很有特色的。

以下是超微日本的渠道体系：有 3 家分销商，有 10 家可以直接下单的一级集成商（图 2-1）。分销大多是中国台湾人的公司，依靠超微起家，虽然对超微有很多抱怨，但是不会轻易更改合作厂商。

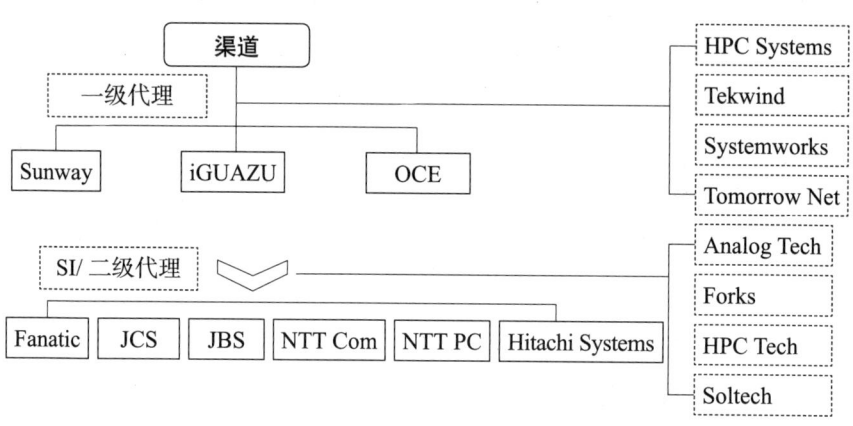

图 2-1　超微日本渠道图

超微商业模式有几个特点，其他厂商很难模仿。第一，超微是部件分销，走的是组装市场，非常灵活，要什么给什么，哪怕是线缆都可以。当然这个方式现在已经有所调整，要求渠道整机采购，整机是基于项目采购，基本不会压货。第二，超微渠道是列表（list）报价直接下单，销售能看到"成本"，自己管理报价，基于利润提成，报价效率高，它的集成商也大多采用这个模式。集成商的销售可以直接决定给超微下单，通过销售赚取利润提成。第三，超微具有高密度或异型产品优势，有一些差异性产品甚至只有超微有，比如高密度、小尺寸的异型产品，其在差异市场形成了卖方市场。

虽然无法直接模仿和复制，我们依然可以从超微的渠道模式里面借鉴一些做法。第一，选定适合自己的目标市场。超微的渠道大多都集中在教科研行业，比如 HPC 项目，大多集成商都会选择使用超微的产品。第二，主推差异化的产品，以产品优势带动销售。比如，超微引导和培育了高密度产品。中国企业"出海"一定要多围绕产品去思考，而不是依赖于 TOP Sales 和客户关系。第三，灵活方便是必须坚持的渠道合作原则。新厂商千万不要设计复杂的体系，包括协议、报价、压货、返点、服务等，如果太复杂，或者没有基本的支撑，渠道就不会愿意合作。

四、为什么要重视软性竞争力的建立

企业"出海"难度和风险都很大，需要有自身的核心竞争力，这是一个大家都认可的真理。但什么是一个企业的核心竞争力，即使同一个企业里不同人的理解也不同。领导认为是企业的产品和技术厉害，已经达到世界先进技术水平，员工说企业的产品技术不够先进，跟国际化先进企业根本不在一个档次；领导认为企业的价格具有完全的竞争力，员工说很多项目的价格没有竞争力；领导认为企业具有全球化的供应链掌控能力，别人供不了的我们可以供货而且更快，员工说有些项目就是因为我们无法供货或者供货期太长丢标，而竞争对手可以快速供货。

问题到底出在哪里？没有统一的思想。

当然，对核心竞争力进行统一，很容易出现以偏概全的情况。对某个客户或在国内市场具备这个竞争力，可能就认为公司针对所有客户或在全球都具备这个竞争力了。此外，由于销售人员的盲目自信和推责心理，出现项目问题时，他们可能会归因于企业缺乏核心竞争力。

所以硬性的竞争力，如产品质量、技术水平，如果不是真正的引领者，只能说达到了一定的水平，或者说并不比别人差，当然产品质量可以通过老客户的口碑验证，这个容易取证、传播和取得认可；如产品价格、供货能力，如果不是完全把控，只能说在某些情况下或相对更有优势，没有谁的价格绝对低，供货能力也依赖于部件类型，各家的常供部件或优势部件会有差异；如市场地位的第一或第二，这不是竞争力，只能说给客户了一个选择的理由，市场地位说多了，容易让人感觉是在自吹自擂。

软性竞争力的内涵

在产品同质化比较严重的情况下，我比较赞同要构建软性竞争力。由组织和人构成的软性竞争力，是更容易被感受到的竞争力。以斗志、精神、体系为基础，软性竞争力包括销售人员的态度、企业面向客户的服务等。

以前我做业务的时候，业绩还不错，公司内部总结经验的时候，别人会问我们的竞争优势到底是什么，我第一反应是"态度好"，表现在有求必应，响应速度快，让人感受好。我将代理或客户为什么会愿意跟我们合作的经验总结如下。

第一，对他们提出的任何问题，我们都非常重视，都作为第一优先级进行积极响应。当然，这在一定程度上与我们业务刚刚起步有关，业务规模没那么大；也与聚焦于部分行业客户有关，服务的对象不多。之所以业绩不错，核心原因还是我们态度积极，比如对于有些技术咨询，我们甚至当天给予答复，产品出现问题时，我们本地的人员可以当天响应，紧急上架安装，甚至可以通宵奋战。但是由于我们本地化的服务能力很弱，这个服务优势后来就渐渐成了劣势。

第二，他们感受到了贵宾式的待遇。尤其他们来国内，我们会给予贵宾式的全程接待服务。他们很多都是小公司，或者在客户里地位也不是很高，但我们都会真诚相待，而这在其他国际化厂商那里是不可能实现的。

第三，我们能灵活提供各种支持保障。比如我开始负责日本市场OEM贴牌业务时，客户希望能在工厂给他们一个测试房间，他们可以驻场测试后再发货，这样不但可以保证产品质量，而且可以免去他们到日本测试。我向公司汇报后，工厂马上安排了单独房间，布置了机柜和测试的基础设施。后来了解到，即使与超微合作，他们在中国台湾地区也是自己租赁的离工厂不远的测试间，这就是支持方面存在的差异。

要想让销售人员态度积极，应让他们确实把业务当作自己的事去做。这就需要公司打造积极向上的海外团队环境：比如前景，做海外业务应更有前途；在激励方面，做海外业务应有更好的收入和职业发展前景，而不能还不如在国内的收入；应按照贡献程度给予回报，以保证公平。我们想打造一个积极向上的业务团队很难，但是想要毁掉团队很容易，一个人、一件事足矣。

以上谈到的态度，更多是个人的行为或代表组织的行为，而服务可以理解为企业的态度，即企业面对客户的态度。可以这么讲，服务绝对是"出海"企业值得去投资建立的软性竞争力。

海外服务模式

当然企业业务量不够，无法投入成本建立完善的服务体系；没有足够量的服务支撑，也无法建立服务体系。但是这些还不能简单归为"先有蛋还是先有鸡"的悖论，我认为这是一个服务建设模式的选择问题。

海外有三种基本的服务模式。

第一种服务模式：企业在本地建立服务体系，用自己的人搭建服务支撑，涵盖各种苛刻的服务需求。这种模式在起步阶段以及没有足够毛利支撑的情况下确实不可行，但是如果客户单一或有限，这个模式则是可行的。

第二种服务模式：寻找第三方服务商，以降低成本，并迅速覆盖。针对大量小型客户且对服务质量要求不高的客户，比如 NBD（Next Business Day，下个工作日上门服务）或 RMA，这是一个性价比较高的方案，但是针对大型客户的 VIP 服务不大可行。

第三种服务模式：代理即服务，就是谁卖的产品谁服务。尤其是针对大型客户的代理商，他们通过服务实现与客户的紧密绑定，并通过三年质保之后的服务购买或者单独的增值服务项目获取额外利润。这种模式在韩国、日本比较普遍，尤其是针对互联网行业的客户。这个模式是我在韩国最早推动的服务建设模式，当时签订了至少 5 家服务商，大多是代理即服务类型。

而我比较推崇的是以上三种方式的组合，即服务体系设计要服务于业务，要基于业务需求进行体系化的模式设计，要有不同的模式选择。在具体模式设计中，需要重视以下几个方面的内容。

1. 本地化服务团队

无论是寻找第三方服务商，还是代理即服务，都属于服务委托或外包，厂商要保证服务质量和效率，本地必须设置 L2 级的厂商服务工程师。如果本地无人，出现问题全部指望远程沟通解决，那么这种模式一定会出现问题。

所谓本地设人，不能派个学生去就完事，也不是外派个工程师就完事。要将中方和外籍进行组合，外籍是为了考虑与客户的关系促进，要安抚客户的情绪；还要考虑互补，不能服务离职后，一年半载还招不来人。

厂商还要建立一个本地的简单测试实验室，大量技术问题要在本地尽快复现，寻找原因，并及时解决，不能一遍遍地依靠从客户那里获取日志来分析原因。

这种本地化的服务投入比招聘所谓的 Top Sales 要值得。在一些大型客户里如果已经突破了还是无法大规模中标，很多情况下问题都是出在服务上，服务做不好，再好的客户关系也没用。

2. 第三方服务商

厂商要有第三方服务商。服务商是一个公司的门面，是客户对一个厂商的重要评估因素。我不大赞同寻找最低价的小型服务商，甚至是一些华人小公司，它们技术能力和服务水平不高，而且与备件服务商往往又是分开的，衔接上也存在问题，会导致服务质量低，效率也低。

服务是业务的组成部分。业务端要有充分的发言权，明确在本地应该寻找什么样的服务商，甚至清楚服务商在业务上能提供什么样的协助和资源，要能将服务商与前端业务一起进行筹划。当然本地知名度较高的服务商成本也会较高，而且要求厂商具备一定的规模。

3. 代理即服务

厂商要大胆使用代理即服务模式。实践证明，如果一个代理在某个客户上常年耕耘，甚至主要依靠某个客户生存，且具备较好的技术能力，我们就可以大胆地把服务交给这家代理。一般情况下，它们一定会服务得很好，甚至比厂商直接服务要更好。

当然这个模式弊端也比较明显：首先是备件管理会比较复杂，一个国家的备件无法共享，如果还是使用独立的备件服务商，可以考虑采用备件中心共享备件+服务渠道本地或驻场备件的模式，由服务渠道定期向备件中心请求集中更换，以解决时效、接口和管理的问题。其次是对代理商的依赖，如果合作不愉快，更换代理商就很麻烦，服务不好切换。一定要提前筹划好服务的切换模式，公司为服务切换应留有一定的费用支撑，避免出现无人服务的情况。

4. 呼叫中心

至于是否要有呼叫中心，在业务初期阶段，还是要评估好成本。往往花了很高的成本建立了呼叫中心，只是起到了宣传作用，对业务却没有多少价值，基本上接听不了几个真正的服务电话。

销售一直要求必须有呼叫中心，我觉得要辩证地看：初期发展阶段的业务一定是聚焦性的销售，客户就那么多，而且业务一定存在"二八"定律，通过本地化服务支撑模式、第三方服务模式、代理即服务模式，基本上业务就已经可以实现覆盖了，没必要建立呼叫中心。超微就没有呼叫中心，在很多国家照样做得很好。如果某个客户要求必须有呼叫中心，我的答案很简单：先不做。当然如果说厂商要铺开面做分销渠道，要大量做中小型企业客户（Small Middle Business，SMB），那就是另外一个逻辑：可能需要呼叫中心的支撑，暂且不论是否能够做起来。

5. 服务体系

服务是一个体系化的设计。除了以上说到的几种模式设计，还要有流程、支撑平台等，这里不再展开。华为的服务体系设计4P理论，基本已经涵盖。

People：服务工作要做好，关键还是人。服务是和客户贴得最近的环节，前面已有论述。

Process：服务标准化和服务流程化，即问题反馈和解决流程、问题复盘流程、相对应的工具表单，以及支撑流程的信息化系统。

Platform：服务平台的建设，包括技术支持中心，备件中心和物流平台、客户培训中心。

Partner：服务合作伙伴建设，包括前面说的第三方服务渠道、备件服务渠道、呼叫中心服务渠道，以及代理即服务渠道。

中国企业"出海"，产品质量是基准保证。要形成口碑传播，还要打好服务牌，通过服务提高客户满意度，以服务促销售，提升竞争力。企业要建立起和客户运维部门定期沟通的制度，定期向客户决策层汇报服务提升情况，通过服务巩固与客户的战略合作，这才是建立组织型客户关系的抓手。

五、如何利用并购合资这种开拓模式

并购合资并不仅仅是一种财务投资行为，也是一种开拓海外市场的路径。当然这条路径充满了风险，特别是并购有个"七七定律"，即全球范围内 70% 的并购没能实现当初期望的商业价值，比如 TCL 并购法国汤姆逊，上汽并购韩国双龙汽车，都因为制度、人才、文化等方面的整合问题而失败。当然也有很多成功的并购，成为了这些企业实现国际化以及全球化的有效路径。

下面以家电行业并购模式和华为的合资模式为代表，介绍海外并购合资模式，并总结中国企业海外并购合资类型。

家电行业并购模式

2000 年，海信成功收购韩国大宇集团位于南非约翰内斯堡高科技工业园的工厂。2015 年 8 月，海信集团收购夏普墨西哥工厂全部股权及资产，并获得夏普电视美洲地区品牌使用权（巴西除外）以及相关渠道资源。

近几年，海信的海外并购迈出三大步，连续并购日本东芝电视（2018 年，15 个月扭亏）、欧洲厨电巨头 Gorenje（2018 年，18 个月扭亏）、全球汽车空调巨头日本三电控股（2021 年），成为世界产业并购市场最活跃的中国企业之一。

自 2011 年海尔集团宣布收购日本三洋电机开始，海尔的海外并购力度日益加大，新西兰斐雪派克、美国通用电气家电业务、意大利 Candy 公司都被纳入海尔旗下，并购资金接近 500 亿元。

通过并购，海尔形成了全球家电品牌集群，包括海尔、卡萨帝、Leader、GE Appliances、Candy、Fisher&Paykel 及 AQUA（表 2-3）。

表 2-3　海尔海外并购表

标的	时间	交易金额	品牌	主要业务
日本三洋	2011 年	100 亿日元	AQUA	洗衣机、电冰箱等，主要覆盖日本及东南亚地区
斐雪派克	2012 年	7.66 亿美元	Fisher&Paykel	高端厨电、洗衣机等，主要覆盖澳新市场
通用家电	2015 年	55.8 亿美元	GE Appliances	综合性家电企业，主要覆盖北美市场
Candy	2018 年	4.75 亿欧元	Candy	洗衣机、厨电、小家电等，主要覆盖欧洲市场

美的早期通过国内的生产基地，在海外通过贴牌的方式打开市场，一度获得了全球 20 余家零售集团与 10 余个知名品牌的贴牌生产订单。

美的在 2011 年与美国开利公司合资成立美的开利拉美公司，一举成为了拉美地区最大的空调制造商。2016 年美的并购日本东芝旗下的白电业务，并购德国知名的工业机器人公司库卡，并购意大利知名的中央空调企业 Clivet。通过收购，美的实现了多品牌战略：在美国市场，以美的品牌为主，协同美国 Eureka，同时在每个领域里都有专门的品牌；在东南亚，以东芝与美的双品牌为主，加上 Comfee；在欧洲，则以美的、东芝和 Comfee 三个品牌为主。

除了家电行业，其他行业也有很多成功的并购实践。比如在机械行业，较大规模的并购包括中联重科收购西法公司、三一重工收购德国普茨迈斯特、广西柳工收购波兰 HSW、山东重工收购意大利法拉帝、潍柴收购德国凯傲、徐工收购德国施维英。其他规模不大的并购还有浙江日发收购意大利 MCM、北京第一机床厂并购德国瓦德里西科堡、甘肃天水星火机床收购法国索玛公司、科大智能收购德国马卡、海天精工收购日本新泻、江苏金昇收购德国埃马克机床，等等。在汽车行业，比较有名的并购案例包括吉利汽车收购沃尔沃及韩国雷诺和德国奔驰部分股权、北汽收购美国萨博等。

华为的合资模式

华为比较常用的是合资模式，即与代理、客户或本地厂商合资。华为有的合资是为了进入本地市场，获取渠道或客户资源，是为了支撑销售，其实是一种销售模式。以下两个例子参考了陈攀峰先生所著的《华为全球化》和周锡冰先生所著的《华为国际化》。

1997年，华为开始开拓海外业务，和俄罗斯贝托公司（本土电信设备企业）签署协议，成立华为首家国际合资企业"贝托—华为"（由俄罗斯贝托康采恩、俄罗斯电信公司和华为三家合资），任正非亲自飞到俄罗斯的乌法市参加签字仪式。之后的市场开拓中，俄罗斯对华为的信任不断加强，2000年，华为斩获了乌拉尔电信交换机和莫斯科MTS移动网络两大项目。

2003年，华为与3Com成立了合资公司。华为将企业级数据通信业务打包注入，3Com则出资1.6亿美元现金，以及将中国和日本的全部业务注入。华为在美国利用3Com的品牌及其经销渠道让产品迂回进入美国，还借助3Com品牌及全球性经销渠道，在国际市场上为3Com近5万家渠道提供有价格竞争力的OEM产品。

有些合资是为了积累技术资源。比如2003年，华为与西门子合资建立鼎桥通信公司，拓展TD-SCDMA市场；2003年，华为与NEC、松下合资建立上海宇梦通信，共同研发3G手机；2007年，华为与赛门铁克合资建立华为赛门铁克，共同经营网络安全和存储领域。

中国企业海外并购合资交易类型

麦肯锡（McKinsey）总结了中国企业海外并购交易类型：第一种并购合资主要是为了引入品牌/技术等要素，其中引入品牌可以理解为以营销为目的的投资模式。第二种输出国内的成功模式以资本投资为主，比如大家比较熟悉的中国互联网公司在海外的投资，包括阿里对东南亚电商 Lazada、土耳其电商 Trendol、越南电商 CrownX 的投资，对印度支付平台 Paytm 的投资，腾讯对东南亚游戏和电商平台 SEA、荷兰游戏公司 Supercell、越南游戏公司 VNG 的投资，腾讯、京东对印尼打车平台 Go-Jek 的投资，美团对印度 Swiggy 的投资，滴滴对东南亚 Grab 的投资。其他海外并购比较活跃的国内企业还有百度、携程、万达、复星集团和新生代品牌完美日记等。第三种打造全球行业领袖的投资属于全球性大手笔的投资，比如联想收购 IBM PC（图 2-2）。

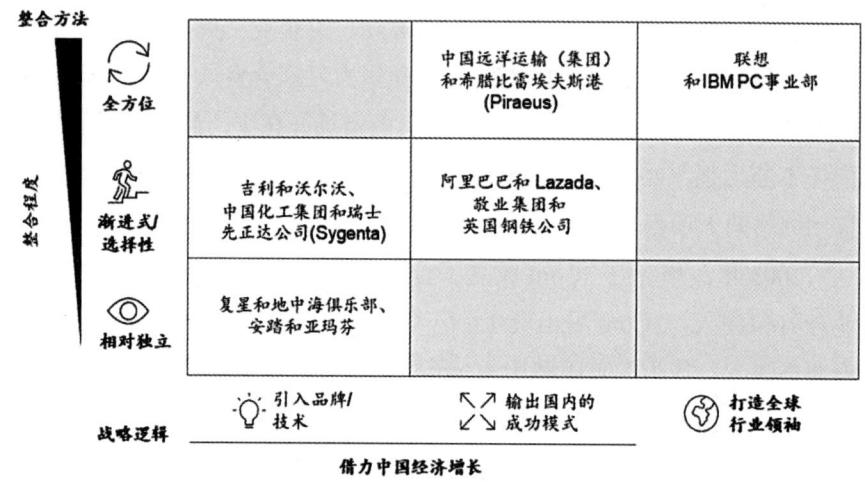

图 2-2　中国企业海外并购交易类型（麦肯锡）

以营销为目的并购合资模式，在逻辑上是为了引入品牌/团队/服务/客户等，增强营销能力，实现对市场的突破。不同的并购合资目的和标的选择如下。

1. 投资本地品牌以 OEM 贴牌方式曲线进入本地市场——本地品牌厂商

这种是比较常见的并购合资模式。前面介绍的家电企业主要采用这种方式，即收购本土品牌，进入本地市场，引入对方先进的技术。当然，被收购的企业大多常年亏损或出现了财务困难，需要收购方具备强大的整合和管理能力。2017年我在日本谈过一家本地品牌厂商，主要做HPC业务，当时还没有AI，对方当时的规模并不大，营收只有大概1 500万美元，但是它在生物制药、汽车制造等领域非常专业，有自己引进并改造的软件，在市场上很有竞争力。当时对方为了做大业绩上市，有意与我们合作成立合资公司，共同拓展HPC市场以及其他客户，但当时我们公司评估日本HPC市场没有潜力而选择了放弃。后来AI业务快速发展，该公司营业额达到1亿美元并在日本成功上市。

2. 快速获取本地销售团队和客户资源——本地有实力的集成商

针对有实力的集成商，如果其销售队伍有价值，其客户资源与厂商的目标客户吻合，或者其解决方案能够很好地推广厂商的产品，那么我们可以采用收购、投资或者建立合资公司的方式，与集成商实现紧密的绑定。这种合作可能不会向外界宣传，因为标的一般不会太大，相信这种模式应该较多。在日本我曾经在别人的介绍下去见过一家老字号的集成商，这家集成商有两大业务，其中软件开发比较赚钱，硬件代理也已经做了几十年。该集成商主要做HPE等美系产品的代理，有一批老客户，但该业务的利润渐薄，公司有把整个业务出售的想法。但后来由于我们公司业务调整，故这个项目没有继续推进。

3. 投资联合解决方案提供商与客户建立联合实验室——本地标杆客户

与客户建立合资公司的方式比较敏感：一是客户采购时存在合规问题，二是客户不可能通过这种方式与某个厂商进行绑定。但是可以考虑与解决方案提供商及客户一起，三方在客户处建立联合实验室，或者在高校建立实验室。比如可以联合自动驾驶方案提供商和车企，建立自动驾驶实验室，在德国和日本也可以采用这个方式进入汽车制造行业。

4. 获取服务支撑能力和其服务的客户——本地知名服务商

这个模式跟第二个有点类似，也是属于对合作伙伴投资。只不过这个合作伙伴是服务商，一是因为服务商的服务支撑能力较强，二是因为每个有实力的服务商都有一批紧密绑定的服务客户，而且关系更牢固。这就是我曾经提出过的以服务带动销售，当然这个服务不是简单的RMA换件，而是能真正提供增值服务的服务商。服务商既有独立提供服务的，也有与系统集成业务结合的，比如围绕IBM小机就有一批有实力的服务商，其本身也做系统集成项目，但主要依靠服务获取利润。我在日本有一个代理和服务商，其社长在IT圈人脉很广，当时决定从原公司出来创业专门做我们公司的代理，但是起步不顺利而且又遇到我们公司业务调整，故合作就失败了。后来某厂商通过下属公司对该公司进行了注资，现在该公司专做该厂商的代理和服务。

为了进入一个市场，可以摸着石头过河，但是与其持续多年亏损，还不如尝试一下多种投资方式；与其为了招聘到TOP级的海外负责人和销售人员浪费时间和金钱，不如利用投资的方式开拓市场；与其为了突破客户，在持续性亏损项目中投入资源，不如换个思路，利用投资模式，还能期待一下后期的回报。

第三章　海外客户开拓

本章介绍了海外客户的相关内容，其从销售的视角是开拓，从职能的视角是管理，从业务负责人的视角是布局和决策，即客户开拓、客户管理、客户决策，本章以销售的视角命名。

本章包括五部分内容，第一部分和第二部分论述的内容为客户开拓。第一部分是关于开拓的目标或方向，不同类型的客户组合形成广度，即保证产单客户数量，还要有业务的黏度和关系的深度，即通过广度建立客户规模，通过深度加深客户关系，通过黏度建立稳定合作关系。第二部分论述突破的路径，也就是方法。客户突破路径与很多因素有关，需要结合这些因素采用不同路径，比如引导、产品、商务、关系、契机等。第三部分论述如何进行有效的客户挂图作战。挂图要包括客户需求、竞争态势、自身路径和计划。本部分论述了客户挂图管理的几个核心内容，业务负责人负责客户挂图、里程碑管理、客户成熟度管理。第四部分论述客户决策问题，对于选择的客户，如果长时间没有业绩，是选择坚持还是放弃，这时就要看当初是如何选择的，客户开拓过程是如何管理的。第五部分论述客户布局问题。新兴产业发展很快，客户也不断更新变化。要积极布局新兴客户，同时既有目标市场也有大量新客户需要突破，要持续部署新客户拓展工作。

一、客户开拓"三度论":广度、深度、黏度

一提到客户管理,我们就很看重客户关系管理,甚至将客户关系作为客户管理的全部。客户关系很重要,特别是对于大客户营销而言,客户关系直接影响(但不是决定)销售成败。但是除客户关系,我们还要关注客户的广度和黏度,加上客户关系的深度,这就是客户管理的"三度论"。

客户的广度

所谓客户的广度,就是客户的数量。为了保持业务的稳定性和健康性,我们要避免对单一客户的依赖。要避免业绩的大起大落,应增加客户数量,这就是所谓的"东方不亮西方亮"。

一方面,客户对供应商的策略可能会变化,包括供应商的数量、占比,甚至来自哪个国家,此外,对供应商的选择标准和要求也在不断变化。比如,某一韩国互联网大客户的供应商数量经常变化,常态下是2家,有的年份要求3家,个别年份是1家,这些变化也来自新进入者的影响和威胁,因为总有新的供应商想要不惜代价进入。此外,还有一个因素是客户内部的平衡,内部不同部门会有对不同供应商支持或反对的声音,长期使用一家供应商的产品往往会面临一定的压力。

另一方面,增加客户数量也是客户筛选的过程。我们在选择客户的时候,往往只看客户规模和影响力,而很少关注自身的能力和匹配性。除非是一个很强势的品牌,有足够的资源,能够容忍长期的投入和培育,否则从销售效率的角度,我们需要十分注重客户的筛选工作。

大客户销售是一个系统化的工程。正如真正的制造业是一条产业链,其包括产品设计、原料采购、生产制造、仓储运输、订单处理、批发经销和零售,消费者看到的工厂只是制造业的一小部分,而且可能是

创造价值最小的那部分。大客户销售包括客户调查评估、客户关系建立和不断提升、产品测试、技术支持、产品价格、生产交付、售后服务等环节，所以越是大客户，越需要供应商的全方位匹配。

我们需要建立客户筛选的方法。比如GE（通用电气）的矩阵评估模型有两个评估维度，一是看自己，包括客户关系、业务满足度、业务基础，二是看客户，包括财务指标、其他指标。在"决策：到底是选择坚持还是放弃"的部分里也给出了我建立的客户筛选模型。从实际运作角度，我总结了选择四要素：第一是需求匹配，第二是时间容忍，第三是资源投入，第四是人员到位。

当然客户备选池子要保持一定的动态更新，世界在变化，行业在变化。三年之前不起眼的公司，可能会成为新的"独角兽"。所以，要至少每年回顾一下备选客户池，按照行业更新最新的TOP名单进行选择，互联网、云服务、AI独角兽等可能每年都会有变化。

客户的黏度

所谓客户的黏度，就是对客户持续的吸引力，这有赖于供应商的独特价值，以及与客户持续的深度融合，当然这个独特价值点可以是动态变化的。

造就黏度的因素包括技术、产品、商业模式、服务等，也包括由于长期合作形成的依赖性和替换的非经济性。通过价格战进入的客户就不具有黏度，因为没有供应商可以永远保持低价，低价也不能造就长久的成功。

技术的创新和领先是垄断性公司保持长盛不衰的法宝，只有垄断性公司才能投资并创造真正的技术领先。比如大疆是通过技术驱动创新，其将香港科技大学的科研成果积极对接市场需求，进行产业化、商业化运营，来满足市场的需求。大疆拥有全球消费级无人机超过七成的市场份额，近乎于垄断。而其他完全竞争性公司更多通过技术的快速响应和足够的技术资源保障创造优势，我们要承认并利用这个现实。

产品的时间优势、丰富性、性价比，是厂商追求的优势。比如产品推出速度是手机厂商打造的竞争优势之一：它们着力满足发烧友级用户的需求，并通过第一批粉丝进行口碑裂变。当然现在这个策略的效力越来越弱，因为消费者发现产品的升级并没有带来太多功能的升级和新型消费体验，反而成本在年年攀升。产品丰富性与时间优势是矛盾的，产品系列多，推出的速度就一定会慢，否则质量就难以保证。比如苹果手机（iPhone）之所以能够获得如此之高的人气，正是因为这是苹果公司制造的唯一一款手机。苹果公司的产品线精之又精，这并非巧合，因为每一款产品都输不起，宁缺毋滥。产品性价比是无法抛却的武器。比如ZOOM（一款多人云视频会议软件）开始定位于自由工作者和知识工作者，其之所以能够抢占WebEx（一家网络会议供应商）的市场，是因为其把价格压到WebEx的五分之一，但产品性能更好，而且使用极其方便，不用注册就可以点击使用。

商业模式如深度定制，是一种与客户的融合，可以创造一种具有差异性的比较优势。当然，必须了解该模式的适用条件，不可能在全世界推广定制模式。深度定制多了一定会耗费大量公司的资源，其弊端在于会影响通用产品的研发进度和质量。另外，定制还要看产品形态，基于互联网属性的产品一定是标准而非定制。再以ZOOM为例：ZOOM与WebEx竞争，选择用非常单一的定价19.99美元来与WebEx的销售体系和渠道策略竞争；用大众营销去做通用广告的模式，与WebEx专业销售团队的销售模式竞争；用自下载自安装的交付形式与WebEx定制化服务的交付形式竞争；用24小时热线的客服与WebEx定制化的专属座席竞争，这些做法都非常适合于中小型客户。我认为一些IAAS（基础设施即服务）服务型产品也必须采用这种营销策略，采用标准化推广模式。这种模式的缺点是客户单价做不上去，由此就需要针对大客户推出定制化方案，提升单体客户价值。

服务对于新品牌新市场尤其重要。在没有验证产品技术前，只有服务可以一定程度上打消客户的顾虑，所以需要快速响应的服务保障机制。服务的投入往往比销售人员的投入更能带来价值，当然其在实现模式上也需要考虑成本经济性。特别是在业务发展期，要将代理即服务、专业服务商、厂商服务有机结合在一起，而不仅仅是委托服务，关于这一点，可详见"为什么要重视软性竞争力的建立"。

客户的深度

客户的深度可以理解为与单一客户合作的深度，体现为多产品进入、占有率的提高、高层关系的建立等。这里仅限于讨论客户关系的深度，因为这是其他体现形式的基础。

有两个模型可供参考：第一个是组织之间建立多层次的沟通机制（图 3-1），第二个是建立点线面的客户关系提升计划（图 3-2）。

CEO/董事长层级	**高层战略峰会** 交换行业发展变化认识、讨论双方战略发展方向，探讨大的合作领域，建立高层之间的对话		
CXO/VP 级会议	**技术创新会议** 就技术趋势、产品方案、行业经验等具体技术问题开展深入交流、探讨	**服务交付会议** 就交付质量、售后服务、运维等问题开展深入交流	
月度或季度例会	产品 Roadmap、新产品介绍会议	某次招投标需求和细节沟通会	定期交付、售后等问题交流会

图 3-1　组织之间多层次沟通机制

一般情况下，我们能与客户做到通过月度或季度例会进行沟通就已经不错了。如果不是如前所述的真正的技术引领型企业，则很难与客户 CXO（CEO、CTO、CIO 等高层领导的统称）召开技术创新会议，特别是针对标准化的产品；但是可以组织服务交付类的会议。CEO 之间的高层战略峰会中，针对标准化产品，如果供应商很难深入理解客户行业的应用和趋势，则深入交流难度很大，而对于行业间的经验共享或新型模式的介绍，在技术创新会议上即可解决。这么多年来我与客户开了各种会，总结起来，这些涉及产品 Roadmap（路标）介绍、中国或其他国家同类客户经验分享、服务阶段汇报和提升方案沟通、运维工具介绍和经验分享等的会议，效果较好。而单纯的高层拜访、礼节性会议、常规性拜访，效果一般或没有实质性内容。会议的核心是：什么内容可以帮助客户，以及我们能为客户输出什么有价值的信息，而不是我们去求着客户给我们订单。

点：针对单个客户的公关活动策划和邀请	针对客户相关业务部门个别客户的营销活动策划，如公司考察、样板点参观、展览会、休假旅游等
线：针对客户单项业务线的公关活动策划	针对客户单项业务线的营销活动策划，如专项考察、业务交流、样板点参观、现场会、部门联系活动等策划和组织
面：面向客户整体的大型营销活动策划和组织	针对客户整体的大型营销活动策划，如年会、技术竞赛、培训、体育活动、大型 Party 等

图 3-2　点线面的客户关系提升计划

针对单点的客户活动已属不易，其基本能满足一般 ToB（To Business，针对企业）业务的关系要求。针对单项业务线，比如客户的技术规划部门、测试验证部门、运维部门而组织的一些专题性的商务活动，主要表现为会议交流形式。面向客户整体的大型活动，基本上很难实现，如果有，一般是作为赞助方之一去参加客户组织的活动。

最后附上一个客户关系评估模型。这只是参考，具体可以根据公司的业务需求进行调整，目的是评估关系深度和进展情况（表 3-1）。

表 3-1　客户关系评估

评估类型	评估项目	现状评估
关系建立程度	承认存在需求或问题，需要产品或解决方案	
	提供组织架构信息或负责部门信息	
	提供主要需求信息或机会进展信息	
	认同公司的产品或方案是一个潜在的备选	

（续表）

评估类型	评估项目	现状评估
关系建立程度	投入时间和精力来了解公司的产品、方案或服务	
	私下承认公司的产品、方案或服务是最佳选择	
关系进展程度	公开承认公司的产品、方案或服务是最佳选择	
	提供竞争者的计划信息或营销策划信息	
	提供个人性格、工作议程和决策方向的信息	
	愿意为选择公司的产品或方案向管理层承担责任	
	告知该机会的机密计划或公司的产品或方案对他们的关键作用	
	愿意和你一起制订和推进工作计划，帮助公司击败竞争对手	
	告知你他的成功与该计划有关系	
	在组织内部帮助你更为有效的销售	

在日常的客户管理中，要利用工具方法，将这三度都管理起来：通过广度建立客户规模，通过深度加深客户关系，通过黏度建立稳定合作。

建立动态的客户档案

建立客户档案是客户开拓和管理的基础，一方面是客户基础信息积累，另一方面是客户开拓过程记录。客户档案体现了客户的基本情况和需求，也体现了我们对该客户作出努力的结果（优势及不足）。抛开客户档案去谈论改善客户关系，建立组织客户关系，无异于无本之末。如果连进展和问题都搞不清楚，那么谈如何提高和建立客户关系，大多只是一句口号而已。

CRM（Customer Relationship Management，客户关系管理）系统是为了管理客户关系而使用的一种工具，但其实际效果并不好，原因有几个方面。第一是意识问题。虽然我们喊着客户导向，但是实际上大多数情况下是在研究和汇报项目。我们很少去关注客户，聚焦点只是项目的成败,包括各种业务会议。第二是工具问题。不是没有工具,而是工具太复杂,打开任何一家公司的CRM,其里面包含各种复杂的内容和关系,让人一下子就晕了。销售人员的对策很简单:只为了应付各种审核和检查,只提供无关痛痒的基础信息,其他一概没有。第三是无法坚持。每年客户管理思路不同,客户挂图模板不同,客户挂图管理的人不同,是否会真正落实客户挂图也不同。年年重新开始,年年就是围绕组织架构、决策链和当年的项目需求,没有提升,也不存在信息的积累。

客户档案是一个动态的信息积累,而不是某一年静态的资料填写,应把几年的信息连在一起去分析。"如何进行有效的客户挂图作战"里介绍了客户挂图包括什么,这是一个年度的信息,将各个年份的客户挂图资料串联起来就是客户档案,包含近几年客户的业务发展情况、客户需求变化、每次竞标的结果和原因分析、竞争对手的动态变化、每年的动作和效果。分析这些信息,就能找到客户拓展的突破口,找到提升客户关系的方向。

用什么做客户档案,我建议简单实用,不要一味地追求信息化,为了信息化而信息化。如果为了信息化而信息化,有时反而没有一个Excel和一个PPT那么简单清晰;达到目的就行了,不必非要追求一个形式。在线上就会有人认真填写吗,有人去认真检查吗?在线上真的就能留存了吗,留存了就能有价值吗?谁会去查询使用呢?这几个问题,是对信息化的反思。

二、建立海外客户突破路径和模型

关于大客户突破有很多的培训课程,其中的大客户关系管理听上去有道理,实际却很难执行。拉斯洛·博克(Laszlo Bock)在《重新定义团队》中说:"设计有效的培训是一件非常困难的事情。有些专家称,90%的培训都无法在员工表现和行为改变方面带来持续的改善。"

客户突破路径与很多因素有关,包括产品属性、社会文化、品牌影响力、销售人员能力、客户属性等,我们需要结合这些因素灵活采用不同的突破路径,如客户引导、产品竞争力、商务运作、客户关系、利用契机等。

影响因素

我们先来分析影响因素,即客户突破途径与哪些因素有关。这些因素的列举提供了一个思考框架,但是并不是说所有因素都同等重要,有时候某个因素的影响远远大于其他因素,甚至就可以决定突破路径,如销售人员的能力。

1. 产品属性

产品属性包括产品与客户业务的紧密程度,以及产品的标准化程度。假如你要盖一个别墅,往往首先关注施工方的选择,施工方要想突破你这个客户,最好参与你的别墅规划,能够深入挖掘你潜在的需求;其次可能是家具,你在选择家具上投入的精力可能会很大,因为各个厂家的材质、样式和工艺都不同,你需要对比分析,它们不但影响了你的使用体验,而且影响了健康。而对于相对标准化且价值不高的墙漆、吊顶、马桶,甚至瓷砖的选择,更多依赖于推荐或品牌。作为不同的产品厂家,其要突破客户的路径和模式一定是不同的。

2. 社会文化

社会文化影响了招投标的规范性和合规性,还有人与人之间的交往模式。在商业模式更规范的社会环境中,客户关系更多是敲开门,但是否选择,客观的标准作用更大,比如对供应商的定位、产品需求的匹配、性价比等,而客户关系是个必要条件而非充分条件。对于更注重家庭或者工作与生活分得很开的社会而言,比如美国、欧洲等,可能不会见上几次面就一起出去喝酒。受东方文化影响较深的社会,更看重生意伙伴关系的融洽,比如韩国,但是这种快速建立的关系也很脆弱,来得快去得也快,如果生意不频繁,关系基本上很难延续。而日本的文化更加含蓄，关系从陌生到熟悉再到信任，所经历的时间很长，但一旦建立了信任，持续的时间会很久。

3. 品牌影响力

一个客户之所以选择一个品牌，有时是因为与该品牌销售人员的关系较好，信任这个销售人员；有时是因为更信任品牌，品牌背后的是背书（不用承担责任）、支撑（知名品牌的支撑更完善）。所以，强势品牌销售人员的客户开拓能力都很强，很会做客户关系。比如我们在招聘的时候，遇到很多来自惠普（HPE）、戴尔（Dell）的销售人员，他们的简历都很不错，业绩每年都完成得很好（当然也让我怀疑，达成那么好为什么要离职）。在一个品牌还没有建立信任的客户关系的时候，指望通过一个销售人员的关系建立信任并达成交易，这种情况虽然也存在，但可遇不可求。

4. 销售人员本身的能力

能力有高低，能力不同的人可能适合不同的突破方式。埃森哲（Accenture）将销售人员能力分为项目的前期拓展、信息的收集和渠道建立、客户需求的识别和公司价值的呈现、对竞争对手的把握、差异化营销策略的制定、项目风险的控制和把握、系统化全流程的项目运作、组织内部的协调和协作、顾问式营销等。如果我们期望能够招聘到超级销售，是期望这个销售有以上哪些能力？还是我们只是在以传统的思维看他有哪些客户关系，期望把我们直接带进去？埃森哲的销售人员能力模型，让我们对销售人员的能力进行综合评估。

5. 客户属性

客户属性包括客户规模和采购规模，客户是传统的还是新兴的，以及客户的技术能力或对供应商的依赖性。不同规模客户采购的复杂性和突破的难度也会有所差异，当然是相对的，规模小的也不一定耗费的时间就短。传统客户突破的难度较大，流程更冗长；而新兴客户更开放（Open），比较容易接受新品牌，决策流程也更简单高效。所谓传统还是新兴，跟客户所处的行业有关，比如制造业相对于互联网行业就更传统；但是与应用也有关系，汽车制造的自动驾驶应用就比较容易接受新型品牌和技术。如果客户技术能力强，就不会太依赖供应商，会更以相对标准化的方式去招标。比如，我们有些互联网客户招标连服务都不要，只要提供备件就行了，其他的自己都可以解决。

突破路径

客户突破的核心是满足了客户的需求，无论是显性还是隐形的要求。本部分只专注于论述突破路径，不涉及背后的需求。

1. 引导

所谓引导，就是引导客户需求。引导有两个层次：一是在客户业务规划的时候就能够参与进去，并引导有利于自身的产品方案参数或产品选型，这需要关系的基础，以及客户对厂商能力的认可。二是挖掘客户的潜在需求或隐性问题，也就是客户的痛点，通过一系列的问题挖掘，引导并匹配客户需求，提供或者开发更能满足客户需求且性价比更高的产品。问题挖掘包括"客户真正的问题是什么""客户如何看待这些问题""客户准备如何解决这些问题""客户解决问题的关键是什么""客户解决问题的困难是什么"。在海外，我们真正参与客户业务规划的很少，在引导的方向上，还是要挖掘客户的痛点。比如，土耳其某客户对原供应商的软件管理平台很不满意，应该是因为一些需求响应很慢或者根本没有响应。于是我们抓住这点，积极为客户提供免费样品（Demo）测试，并紧急免费为客户定制一些功能，获得客户的认可，由此成功中标后续项目。

2. 产品

产品的差异性、领先性，以及业界对产品质量和服务的评价，都可以作为产品的附加价值或为产品信任加分。在标准化和充分竞争的行业，要实现产品差异性很难，但还是有厂商创造了利基市场并获取了成功,前面讲的通过引导来创新产品也包括在内。由于新兴应用不断涌现,肯定存在创造产品差异性的机会,只不过需要发掘和筛选。产品差异可以与技术、规格、时间有关,甚至竞争对手更少也是一种差异。比如,我们在AI方面具有很强的产品竞争力,规格齐全,在项目竞争中能够满足规格要求,并且参与投标的竞争对手很少,于是该产品成为我们的利器,我们因此突破了一些大型客户。

3. 商务

与价格相关的付款条件,以及交付、新兴交易模式,可统称为商务。低价竞争无论如何都无法回避,其是"出海"企业实现突破的重要方式,但其中有两个问题要关注。一是低价作为突破方式,是突破了就会换取正常的交易机会,还是需要持续低价?这个要评估客户对供应商的定位或者对中间渠道的把控和影响力,以及该突破是否真正带来市场影响力,还是只是一个假想而已。二是低价的后续影响是什么,尤其是框架项目,如果没有打算履约,或者无力亏损履约,千万不要随意低价突破。比如,我们在某国家有个项目是亏损投标的,后来由于汇率波动和成本上升,亏损更大,且又无法实现当初设想的"改扩配",导致后续履约非常困难,无法承担巨幅亏损,在市场上形成了不利的影响。

4. 关系

客户关系的重要性不可否认。虽然如前所述,在不同文化中,关系的呈现方式或紧密程度不同,但很多情况下没有关系就很难敲开门,就无法获取信任,就不可能获取真实的信息。但是客户关系并不能等于客户突破,不能将客户关系神化,更不能因为没有所谓的直接客户关系,或者认为客户关系不好,就不去开拓客户。而且关系并不一定是直接的客户关系,代理的关系和中间人的关系都可归为有效客户关系。

5. 契机

销售要讲究机遇,机遇留给有准备的人。契机的前提是有准备,也就是有足够的时间，时间提供了信任的基础。当然也有例外，比如公司突然遇到一个机会，且由于各种原因，公司具有不可替代的优势。契机可能来源于几个诱因：一是原有供应商出现问题，或客户计划调整供应商；二是客户组织结构或负责人的调整；三是客户新业务规划或新兴商业模式的尝试。契机可能成为突破的机会，但也有可能只是一次性机会。比如，我们在某国家有一个互联网客户，我自2017年就开始跟踪，但是由于竞争对手的阻拦以及当时公司对该区域客户并不是很重视，一直没有获得突破。2021年后来出现了机会：客户要在美国部署数据中心，而原供应商无法在境外生产，且美国供应商交付周期很长，这给了我们一个突破的契机。

表 3-2 列出了以上突破路径的总结，包括适用条件和销售模式。

表 3-2　客户突破路径表

路径	突破路径				
	引导	产品	商务	关系	契机
举例	领先技术，引导并满足需求	差异化产品	价格或交付优势	私人关系并上升到组织型关系	对手出现问题 新兴业务机会
条件	充足的资源 长期性投入 明显优势 稳定的战略	分包中标 产品或方案有优势 单个业务部门突破	产品门槛较低 低价者得 需要快速交付	有关系的超级 Sales 客户认可 内部有人支持 有 Reference（案例）	已经在 Vendor list（供应商列表）里面 多供应商机制
销售模式	厂商主导，中间人或代理配合	集成方案型代理	产品代理主导，或厂商与代理配合	关系型代理，或者厂商关系	厂商主导 或方案型代理配合

突破模型

总结以上影响因素和突破路径，可以形成客户突破模型。该模型是从客户的角度出发,先考察资产属性以及对客户业务的影响,然后考察客户对供应商的策略以及定位,在此情况下,供应商选择突破路径。

从资产属性,也就是前面分析的产品属性去分类,考察资产对业务的影响。比如客户肯定重视对业务影响大的供应商,也更容易将此类供应商上升到合作伙伴级别。在对应的突破路径方面,只是列示了该类突破模型中按照重要顺序排在前面的突破路径,并不意味着没有其他路径(表3-3)。

表3-3 客户突破模型

资产属性	对业务影响	对供应商策略	供应商定位	核心突破路径
核心资产	直接影响核心业务成功	战略合作伙伴	合作伙伴	引导 产品 关系
个性化重量资产	构成业务的主要成本	量身定制的整体方案提供商	关键供应商	契机 商务(价格) 关系
相对标准化高价值资产	影响业务成本	技术或产品领先	供应商	产品 契机 商务(价格)
标准化资产	对业务影响较小	价格优先	卖方	商务(价格)

行业例子

我们用行业案例来说明以上模型,比如电信设备提供商适用的是核心资产模型。其提供的是电信核心资产,直接影响核心业务成功。其客户的突破需要做到以下几点:第一,识别和发掘客户的潜在需求和痛点;第二,提供差异化的产品和先进的技术,大大降低客户的运营成本;第三,持续性的客户关系维护,通过各种方式积累信任。华为的"三板斧"包括邀请客户参观总部、邀请客户参加峰会或展会,以及邀请客户参观样板点,最终使客户关系上升到组织型客户关系。

对于服务器设备提供商分为以下几种情况。

针对部分互联网客户，服务器是其重资产。在互联网快速发展时期，为了大幅降低成本，并适应快速发展的业务需求，需要量身定制的产品方案，这是契机。通过这个契机，具有竞争力的商务模式建立，包括价格、交付，并形成了较为紧密的合作关系。

针对其他互联网或云客户，服务器属于相对标准化的高价值资产。服务器在这些互联网或云客户的生产资料中所占比重较高，故其比较看重产品的差异性和领先性。新厂商突破的首要路径是产品，所以推什么产品很重要，然后就是等待一个契机，利用价格或交付优势进行突破。如果只考虑价格，没有合适的产品和一定的契机，将无法打开或持续打开客户。我们没有把关系放进去，并不是关系不重要，而是说没有产品和契机，光靠关系也很难打开。当然，如果关系足够强，也可以创造出契机，这就要看是否能够招聘到足够强的超级销售。

电信客户相对复杂，基本与上述类型相吻合：其既看重产品，又需要等契机，而且其相比互联网或云客户对价格要求更低，更需要很强的关系，因此是突破难度较大的客户。

传统制造业客户分为两种需求：对于纯粹的服务器需求，比如中小型 HPC 平台，其属于标准化的资产，这时只能依靠价格手段，中间代理商会把价格压得很低，产品差异性所起的作用不是很大，需要关系敲开门，辅助价格手段及灵活的商业模式。而对于与应用紧密结合的需求，需求把控在集成商手里，整体属于量身定制方案的范畴，这就需要契机，而契机来自客户和集成商两个方面，很难寻找。

其他零散的客户服务器采购量更少，更不需要产品差异化，主要还是看价格和渠道的覆盖度，比如教科研。太小的客户不属于此部分讨论范围，故不再论述。

三、如何进行有效的客户挂图作战

挂图作战是一个战争术语，就是基于地图指挥战争，而地图显示的是地形和敌我双方的态势。挂图作战即利用天时地利，动态地根据敌我实力变化，灵活运用战术，取得战争的主导权和最终的胜利。

客户挂图涉及三个因素：客户、对手、自身。挂图的目的有三个：第一是清楚了解客户需求和竞争态势；第二是找到突破客户的路径和方法；第三是明确阶段目标和工作计划。

由几个常见的业务问题谈起

1. 为什么项目运作只有价格手段

我们在总结项目的时候，经常发现价格几乎成了唯一的手段。问题出在哪里？是销售能力的问题、项目管理的问题，还是品牌影响力的问题？可能都有。但是，我建议要跳出项目看待这个问题。无法运作项目的根本原因是没有培育和影响客户，导致项目招标时才知道项目信息，我们不认识或接触不到客户，不了解客户的需求和规则。这种情况下除了投低价被动应标，寄希望于代理有强大的关系搞定商务，还能如何运作项目？

当然不可能所有项目都要通过培育客户去运作，但是最起码指名客户的项目要达到这个要求：我们能够了解甚至引导客户需求、标书体现我们的优势产品和参数、能够发挥技术优势、能够了解评价规则、能够获取对手的底牌等。对于其他非指名客户项目，我们主要依靠代理的关系、价格等因素去赢标。

而要培育指名客户，就要坚持客户挂图作战。

2. 到底哪些是战略客户

所谓战略客户，是公司层级的重点关注客户，其至少贡献了业绩的70%份额或者未来有巨大潜力，公司愿意投入时间、资源和人力去培育和开发它们。但是到底哪些是战略客户，不同部门有不同的说法，甚至销售的报告每次也不一样。要汇报某个项目，就把该项目对应的客户列为战略客户，这种混乱局面一直持续，原因就是没有统一的客户分类标准和严格的客户挂图。

当然光有客户分类标准还不行，比如主要依据客户需求规模进行划分，但是数据可能是不真实的，销售人员希望公司重视，就可以把一个中小客户的需求数据描述得很大。现实情况很可能是客户的名头很大，但是实际需求并不多，而真正有大需求的客户根本就不在指名客户列表里面。特别是国外的客户，反正领导不熟悉，公司也很难考证，第三方机构的数据缺失或不准，销售说什么就是什么，没有人作出判断和反驳。比如我们在欧洲有个客户，公司非常重视，销售人员一直向公司汇报并将其列为战略客户，但是该客户通过招标文件（Request for Proposal，RFP）体现的招标需求很少，后来通过调查才发现，该公司的需求量确实不大，并不算一个战略客户。

我们要结合客户挂图，分析客户的业务规模、同类公司的对比、客户历史采购和招标数据等，并结合这些信息去验证客户需求规模和分级。因此，客户挂图必须看客观数据。

3. 汇报时避免讲故事和抱怨

每月的业务进展汇报会，会涉及客户开拓进展的内容。会议一般会走向两个方向：要么是在务虚地讲过程，与客户 CXO 约谈，与客户某部长开会，讲述客户未来会有多大的需求和项目机会；要么就是在抱怨问题，无穷无尽的问题，会议中充斥着问题批判和推卸责任。

我们需要关注的是客户真实的需求到底是什么？竞争对手在其中的占有率如何？我们的目标是什么，有什么工作计划，现在进展到什么程度了，出现了什么问题，需要后台提供什么样的支持？而这些问题的讨论就要通过客户挂图来进行。

我们要避免讲故事和抱怨，就要基于事实，提供数据和支撑，描述客观过程，从过程中总结问题，找到方案，提出诉求。

客户挂图要挂什么

1. 业务情况和决策链

（1）业务情况：要了解客户的业务，业务全景图、业务规模、规划、地位和增长率。

（2）采购决策链：客户的组织结构中，与我们的产品采购相关的部门是哪些，分别承担什么角色。

2. 客户需求和重点项目情况

（1）需求规模：客户一年的需求量或金额有多大，我们在其中的占有率达到了多少？这些需求规模最好要有客户年度需求规划、需求建议书（RFP）等文件的支撑，而不是随意拍脑袋的数据。

（2）产品具体需求：产品需求涉及哪些型号，做什么应用，典型配置是什么？如何与我们的优势部件匹配？是否可以引导？

（3）商务需求：是否需要入围，入围标准是什么？招标是固定周期还是基于项目需求，招标的评价标准是什么？在服务、交付、账期等方面的要求是什么？我们在商务方面是否可以满足和应对？

（4）重点项目：本年度有哪些重点招标项目？项目的基本情况是什么？此外，要了解往年的重点项目情况，时间、规模、中标方。

3. 竞争和合作伙伴情况

（1）竞争态势：有哪些竞争厂商，占有率分别是多少，主要供应哪些型号和规格？

（2）合作伙伴情况：给该客户供货的渠道主要有哪些，分别跟哪些厂商合作，有什么优势？能够与我们合作的渠道是哪一家，有什么优势？这就是客户渠道地图。

4. 突破路径和工作计划

（1）突破路径：针对该客户的年度目标是什么，是定量的业绩目标还是定性的突破目标？基于此目标，我们的突破路径是什么，选择哪个业务方向和哪个产品，针对哪个竞争对手，凸显我们哪种竞争优势？

（2）工作计划：具体的工作计划体现在每个月的MBO（Management by Objective，目标管理）中，或者OKR（Objectives and Key Results，

目标和关键成果）中。为了评估工作计划的进度，可以利用里程碑的概念，设置阶段性里程碑，评估工作计划的成效。

客户挂图如何管理

1. 业务负责人负责客户挂图

客户挂图是一个业务管理工具，业务负责人必须发挥这个工具的作用。只有业务负责人熟悉客户情况和销售人员的工作情况，可以大概判断信息的真伪，督促销售人员去认真执行。

而我们经常会让后台职能部门去负责挂图，比如销售管理部、营销部，这样做的结果是这些部门只负责做个模板去收集信息，收集上来也就放在那里了，没人去管理，这种挂图就没有任何价值。比如我做后台营销管理的时候，对销售没有直接管理权，我主导了一年的客户挂图，但效果很差，只有以前的下属还在认真应对，其他销售部门在挂图管理时都只是应付了事，挂图变成了走形式。

销售单位是一个需要直线指挥的组织，就跟军队一样，销售管理的职能只是为了协助指挥官进行管理，而不能发挥主导功能。

客户挂图要定期更新，比如一个季度更新一次。这一方面是因为客户的很多信息是一个不断收集完善的过程，另一方面是因为针对客户的开拓计划要滚动去制定和修正，不能出现年初就制定好全年客户工作计划的情况。

2. 客户挂图与里程碑

客户挂图要与客户开拓计划结合在一起，因此，业务负责人必须负责客户挂图，要根据客户挂图给销售人员安排工作，而非仅仅汇报就完事。

对客户开拓计划的管理，我建议引入里程碑的概念。里程碑（Milestone）是项目中的重大事件，是一个时间点，通常指一个可交付成果的完成，所以里程碑要有明确的结果。当然里程碑是否完成，也需要由业务负责人判定，特别是当里程碑跟考核和奖金挂钩时，管理的难度就更大，是否完成，需要一定的人为判断。我曾经在海外销售单位系统导入过里程碑管理，每个季度管理一次，滚动制定季度里程碑，好处是更贴近实际业务情况，而且可以根据进展灵活调整工作目标。为了让销售单位引起重视，过程里程碑占考核权重，与部分季度奖金挂钩。里程碑管理推行近一年，建立了过程管理的机制，让销售无法凭空讲故事，可把大家真实的工作状态晾晒出来；由于与奖金挂钩，其也存在一定的造假或虚报问题，但总体效果还可以。

以下是里程碑的两个例子：第一个是客户开拓阶段的里程碑，体现了客户开拓的过程；第二个是客户维护里程碑，即除了业绩指标之外的其他工作任务。这些只是参考（表3-4、表3-5），可以根据业务特点灵活设置。

表3-4 客户开拓阶段里程碑

阶段	里程碑节点
建立关系	高层会见
	技术或业务研讨会
	总部或样板点参观
POC	测试或入围标准获取
	POC
投标	RFP 获取或引导
	参与竞标并获得真实反馈
业务突破	销售突破
其他	自行设定

表3-5 客户维护里程碑

类型	里程碑节点
关系提升类	高层定期互访或季度业务会议（Quarter Business Review, QBR）
	高层或关键人物总部来访
	季度技术会议（Quarter Technical Review, QTR）
	其他

（续表）

类型	里程碑节点
业务提升类	新需求部门的突破
	提升占有率的某项举措或事件
	其他
深度合作类	成功案例的包装和宣传
	联合参展或邀请演讲
	其他

3. 客户成熟度划分

客户挂图精细化管理需要投入较大的精力。如果客户很多，我们又有业绩压力，平时的业务管理都采用项目管理思维，就会渐渐很少去关注客户。所谓业务管理，就变成了只是管理项目和解决问题。

所以要对客户进行划分，其中一个划分思路是简单按照大小划分为战略客户、TOP 客户、一般客户，挂图重点只看战略客户，按照"二八原则"，80% 的业绩理论上应该是战略客户贡献的；另一个思路是按照成熟度划分，因为光看规模还不行，可能规模大的还不是我们的客户，规模不大的 TOP 客户反而为我们贡献了较多业绩，合作也更紧密。参考以下的评价模型，结果指标以业绩贡献为主，过程指标以客户关系为主（表 3-6）。

表 3-6　客户成熟度评估表

衡量维度		衡量指标	权重
结果指标	产品（25 分）	产品占有率	15%
		进入核心应用	5%
		多产品线进入	5%
	财务（25 分）	签单	10%
		回款	10%
		毛利	5%

（续表）

衡量维度	衡量指标	权重
过程指标	客户关系（30分）	签署战略合作协议	10%
		完成高层拜访	10%
		客户年度规划	10%
	项目（20分）	联合优势合作伙伴屏蔽竞品	10%
		标书中优势产品和参数设置	10%

可以将战略客户和TOP客户划分为成熟型、机会型、成长型、空白型，我们客户挂图聚焦在成熟型和成长型，而机会型、空白型的挂图周期可以长一些（图3-3）。

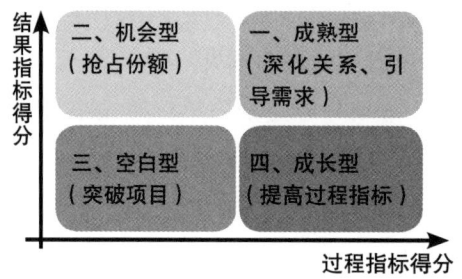

√ 成熟型：过程、结果分均≥25
√ 机会型：结果分≥25、过程分<25
√ 成长型：过程分≥25、结果分<25
√ 空白型：过程、结果分均<25

图3-3 客户成熟度模型

四、决策：到底是选择坚持还是放弃

海外客户开拓会碰到各种困难，有时候是敲不开门，有时候是需要大量的资源投入，有时候是屡战屡败。开拓一个客户需要很长时间，需要跨年甚至几年的资源投入，这个时候，作为销售单位负责人，面临硬性的业绩考核指标，是应该坚持还是应该放弃？

要做以上选择，我们需要先让销售单位负责人回答以下两个问题，这也是客户挂图要关注的问题，回答问题的关键是不能流于形式。

回忆当初，客户是如何选择出来的？

我们当初为什么选择这个客户，选择和评估目标客户的标准是什么？这个就与招聘一样的道理，当我们困惑于是否要继续聘用某个员工的时候，要回顾当初为什么把该员工招聘进来，招聘的时候依据的标准是什么？如果招聘的时候就稀里糊涂，用人的时候也一定不会顺利。比如我曾经在日本招聘了一位日籍客户经理，面试的时候就没有明确要录用的标准和理由，只是为了达到外籍比例要求。当时 HR 负责人对我说，勉强录用的人用起来一般会出现问题，果不其然，在使用时各种不如意。

如果是因为客户属于我们的目标行业，所以作出了选择，理由也不充分。比如要做制造行业，头部的制造企业就那么几家，知名的电信制造企业就那么几家。但问题是为什么选择和决定这个目标行业？我们在这个行业里面有什么竞争力？我们关注于该行业的哪类需求？

目标行业的选择要基于双向的逻辑，要基于自身的竞争能力和目标行业的需求。如果选择了一个没有优势或没有多大需求潜力的行业，将很难成功。

具体到某个客户的选择。是因为该客户知名度较高，可能需求较大，还是因为某个客户经理或某个合作伙伴跟该客户熟悉？我们的思考模式往往是抓住了一点，而不及其余。当然也可能多方面都考虑了，只是因为某个方面特别突出而已。

最好的选择是要选择"对"的客户。以下是一个简单的评估模型：是否了解客户的需求，包括产品需求和商务需求，评估这些需求，公司是否可以满足或努力之后可以满足？是否了解竞争态势，是否有打破目前竞争平衡的切入口？是否有合适的客户经理或合作伙伴，该客户经理或合作伙伴是否有一定的客户关系基础，最起码能够敲开门？该合作伙伴是否有强烈的合作意愿？比如我曾经选择做过某内存制造商客户，当年费了很大的精力找到了一个有关系的代理，也通过总部的关系安排了高层拜访，然后我们送了测样机，但是无论如何都测试不过，最后只能放弃。对于这个客户的选择,我们有两个方面的欠缺:第一是对客户的需求不了解,不具备这方面的应用调优经验;第二是缺少有能力和敢于开拓的客户经理,无法搞定现场人员。

基于选择标准,评估之后,如果选择错了,就放弃,如果选择对了,就坚持(表3-7)。

表3-7 客户选择评估表

项目	评估项目	是/否
客户需求	是否了解每年的需求量和产品类型	
	是否了解客户的招标采购方式	
	是否了解目前供应商情况	
	客户是否有意向引入新的供应商	
客户关系	厂商或合作伙伴是否了解客户决策流程和关键人物	
	厂商或合作伙伴是否能够容易接触客户关键人物	
	厂商或合作伙伴与客户关键人是否能建立私人层面关系	
合作伙伴	是否了解合作伙伴与客户的关系和历史交易情况	
	合作伙伴对我们公司业务是否有很强的兴趣	
	合作伙伴对该客户的态度是否是强力推荐	

复盘过程,如何管理客户开拓过程?

纠结要不要放弃的,一般是结果不好。我们要找出结果不好的原因,并加以改进。以下是一个客户开拓过程复盘表,通过复盘,我们可以考察哪些工作做好了,也可以考察我们哪些工作没有做到,原因是什么(表3-8)。

表3-8 客户开拓过程复盘表

工作内容	过程目标	目标说明	进展情况
建立联系	建立联系	与技术负责人、采购负责人建立联系	
	研讨会	组织客户关键负责人研讨会	
POC	测试标准获取	能够获取测试标准或入围标准	

(续表)

工作内容	过程目标	目标说明	进展情况
POC	POC	获取POC信息,并参加POC	
投标	RFP获取	提前获取RFP,甚至可以影响RFP	
	竞标	获悉评标标准,参与竞标	
业务突破	销售突破	首次订单突破	
三板斧	总部参观	邀请客户关键负责人总部参观	
	邀请参观	邀请客户参观展会或样板点	

通过这些过程复盘,也可以进一步验证我们对选择标准的判断是否正确。我们说客户经理或合作伙伴有较好的客户关系,但是跟客户见面都很难,研讨会(Seminar)组织不起来,现场人员不愿意做技术交流,这能叫客户关系好吗?我们说了解客户的招标采购方式,但是不清楚客户是按照周期还是项目招标,也拿不到客户的评标标准,成败都分析不出原因,这能叫了解招标采购方式吗?

复盘既需要复盘过程动作,还需要复盘商机。比如说我们了解到客户需求有几万台,但是我们获取的商机只有几百台,是需求不准,还是能力或关系不够?

客户开拓过程复盘的悖论

1. 我们基于需求选择客户没有问题,但是一直没有合适的客户经理,所以结果很差

当其他条件都不具备的时候,基于需求选择客户没有错。但是选择了之后开拓过程就停滞了,长期不动,因为我们缺少合适的客户经理。这是一个悖论。

什么是合适的?海外开拓就像创业一样,需要的是激情和毅力,我认为敢于开拓的就是合适的。这种"敢于"超出了国籍、经验甚至语言的限制。所以第一个外派出去的负责人就是首要的客户经理,即使初期有语言问题，配上翻译，也一样可以先做客户开拓，而不是等着那个所谓合适的客户经理。要一边做一边找，这也是一个相互促进转化的过程。我坚持一个观点：如果你自己都不知道怎么去做，指望招聘一个人就能搞成，那成功太容易了。何况除了客户经理，我们还要考虑合作伙伴的作用。

一定要相信，大部分客户选择供应商是一个慢慢考察的过程，在有些国家甚至要考察几年。考察厂商的持续性、稳定性、能力和态度，这是一个持续的接触、积累和感化，是一个量变到质变的过程。突然成功的例子有，但是慢慢突破的例子更常见，我们不能老想着去复制突然的成功，而放弃慢慢培育。

2. 我们选择的客户需求很大，但是我们公司能满足的很少，所以结果很差

关于客户需求，最基本的要求是弄清楚产品数量和技术需求。但是我发现搞不清楚客户需求成为一个较为普遍的问题，往往销售人员猜测之后报一个需求数，后台反正也不知道，于是大家就默认为这是客户的需求。但结果经常是做了很长时间，看不到商机和项目业绩，最后发现客户根本就没有那么多需求。

另外一个问题是一定不要泛泛地讲需求，应讲有效需求。所谓有效需求，第一是公司能满足的需求，如果以公司目前的产品线、服务能力、方案能力，在可预见的短期内满足不了，这就不是有效的需求；第二是销售有可能实现的需求。

3. 要招聘 TOP 级的销售，以推进后台各部门与客户建立组织层面的客户关系

组织层面客户关系是个人客户关系的提升，其脱离了对某个客户经理的依赖，建立了多层次的对接，提升了信任度和合作层次。比如技术支持对接客户的技术团队，售后服务对接客户的运维团队，商务人员对接客户的采购团队，业务线对接客户的决策链。这是一个正确的方向，但是实现的过程中要注意以下两个问题。

第一组织层面客户关系的推进达成，关键在于意识、执行力和资源，不在于是否是 TOP 级销售，也不在于中方还是外籍。如果 TOP 级的销售对公司有很强的防范心理，自己不愿意去做，则组织层面的客户关系很难达成；如果 TOP 级的销售只是单打独斗，并没有系统化的思维和意识，公司又没有强力的推行手段，组织层面的客户关系也很难实现；如果公司没有合适的对接资源，不是找不到人就是语言不通，对接了效果也不好，销售人员也不会去推动，组织层面的客户关系就无从谈起。

第二组织层面客户关系的实现一定是依赖于本地化团队，而不是后台部门。后台部门去不了现场，偶尔远程开个会，只能是锦上添花，一定要实现本地团队的对接。比如本地要有售后，而且是外籍售后，如果连售后人员都没有，谁去对接客户的运维人员？所以本地化团队是实现组织层面关系的抓手，这也是华为的"铁三角"一定都是配置在本地的原因。如果只有一角在本地，另外两角在后台，一定成不了"铁三角"。

4. 没有好的客户关系，就不可能有生意

客户关系是一个敲门砖，也是能否获取真实信息的关键。但是没有好的客户关系就不可能有生意，这也是一个悖论。

第一要相信有很多理性的客户。特别是发达国家有相对规范的采购标准和合规流程，有自己的供应商选择策略，并不是说没有好的客户关系，就一定没有机会。

第二是客户关系的重要性要看该采购业务对客户的重要性。如果这个采购行为已经成为客户的标准基础设施采购，从哪家买并没有多大区别，也不会影响客户的核心业务，客户就会主要评估价格、质量和供应，而不是评估跟哪个供应商的关系好。比如向电信客户卖打印纸、卖电脑、卖服务器、卖核心交换机、卖 5G 基站，要求的客户关系层级一定是不一样的，不能简单套用其他厂商的客户关系管理模式。卖打印纸的只要搞定办公用品采购人员就行，卖电脑的可能需要搞定办公设备采

购部门，卖服务器的就要搞定 IT 基础设施部门和采购部门，甚至运维部门，而 CTO 可能不会过问太多。卖核心交换机的就必须再搞定 CTO 和合规部门，而卖 5G 设备就必须搞定 CEO。

五、新趋势下新客户的持续拓展

趋势是以现在的视角看到的，其实是已经发生的，严格讲是可预见的变化。未来什么样，无人能够准确预测。纳西姆·尼古拉斯·塔勒布（Nassim Nicholas Taleb）在《反脆弱：从不确定性中获益》中说："你寻求秩序，得到的不过是表面的秩序；而你拥抱随机性，却能把握秩序、掌控局面。"

以前卓越的公司大部分已经不再卓越，一方面是因为世界变化太快，另一方面是因为越来越大的组织规模是效率的敌人，熵减是宇宙的规律。所以，我们做业务要紧盯变化，因为自身在变，客户也在变，要持续部署新客户拓展。

新客户的持续拓展

市场之所以要持续创新，其中一个重要原因是市场不断发展变化，会不断涌现新的客户，会带来新的机会。十年之前的初创企业，现在已经变成新的巨无霸，比如字节跳动、小米、Roblox（多人在线创作游戏公司）、SEA 等，这就是我们后面要讲的要关注新趋势。另一个原因是即使在现有的目标市场，我们依然还有很多没有进入的客户，或是已经少量突破但依然没有形成规模的客户，这就是为什么我们要以点带面，进行纵深复制的原因所在。这些都是我们讲的新客户，市场创新的首要目的就是要持续拓展新客户。

现在的市场需求越来越集中，头部客户的规模越来越大，这带来一定的好处，即可以聚焦资源，提升营销效率。一家头部客户的产出可能就能支撑一个销售单位，几个客户的产出可能就占一家公司营收的80%，甚至有的公司就靠一家客户生存。但其风险也毋庸置疑：客户自身业务在变，供应商格局在变，所以不能过度依赖于一两家大客户的产出。

要想持续拓展新客户，除了在理念上要具备创新开拓意识，核心是要有组织体系的支撑，要有具体管理措施和资源保障。

在具体管理措施上，销售单位必须设置新客户突破指标，而且新客户必须限定范围，也就是必须指名，在指名范围里面突破，不能打哪算哪。我们要的突破绝非仅仅针对一次性项目，而是要具有持续性。新客户突破任务必须落实到具体的人。由于销售是业绩导向，在考核上可以考虑施行完成加分、完不成扣分的制度，既体现约束效果，又体现鼓励。要考虑新老结合，即所有负责老客户的销售要承担新客户突破指标，不能让负责老客户的销售舒舒服服地拿单，而让负责新客户的销售长期不产单。

在资源保障上，除了上面讲的人力保障外，还可以设置专项费用、专项样机。这个费用由总部预支，如果能够突破成功，费用由总部承担，不计入销售单位，如果突破不成功，费用计入销售单位进行考核。费用范围包括业务费用、邀请考察、专项市场活动等。

新趋势：互联网和元宇宙

在趋势变化方面，我们主要讨论互联网行业。互联网与AI的结合其实已经渗透到其他传统行业，如金融、汽车等行业。

如今的头部互联网厂商是Web2.0平台互联网的最大受益者，而Web3.0是向用户互联网转型，由单一平台与用户交互数据，转变为用户生产数据、消费数据、拥有数据，每个人都是信息的创造者。未来学家保罗·萨佛（Paul Saffo）发现，人类最初是一个生产者的经济，后来转变成了消费者的经济，而今又在朝着创作者的经济前进。

Web3.0与虚拟现实结合就是消费端的元宇宙。虚拟现实代替了现实世界，在虚拟现实中社交、交易，并形成虚拟组织，而在现实世界中人类逐渐不知道如何交流和社交。元宇宙到底是开启新的文明形态还是终结人类文明，谁也无法预测。在这个发展过程中，会产生新型的互联网巨头，比如这几年迅速崛起的元宇宙第一股 Roblox，其推出游戏+平台分成的模式，开放游戏平台，允许参与开发的作者分成，通过出售作品、素材、建模，获得虚拟货币"Bobux"，再兑换现金。

数字孪生与 AI 的结合就产生了产业元宇宙，演进方向是智慧城市、自动驾驶、工业互联网，数据由实到虚，然后再由虚到实，实现数据、建模、仿真模拟、预测分析的流程闭环。当然在实现世界智能化的情况下，也可能引发不可控的风险，就像飞机的自动化程度越高，发生意外的情况下人为可以控制的难度就更大。因为对自动化的依赖，驾驶员已经不具备足够的技术能力和丰富的临场应对经验。技术提高安全性和便利性，也会带来不可控的"黑天鹅"。

我们可以在各个国家寻找具有 Web3.0 属性的互联网公司。比如日本虚拟社交媒体 Cluster 推出元宇宙平台，提供 VR 空间多人聚会的虚拟活动服务，可以自由创作虚拟 3D 分身和虚拟场景，进行虚拟社交、参加虚拟音乐会；社交游戏公司 GREE 的子公司 REALITY 进军元宇宙，推出手机版 VR 社交应用，提供基于虚拟形象的远程社交体验，打造创造者经济，人们可以创造和扩大自己的虚拟空间，并通过创造和销售原创物品赚取现实世界的收入；HIKKY 公司是虚拟展会 Virtual Market 提供商，属于产业元宇宙范畴。

部分区域的新型客户

以下围绕新兴行业简单介绍了部分区域互联网、Cloud 和 AI 行业情况，营收都参考 2021 年的数据。也可能过上几年，这些公司有的壮大，有的消亡，又有新的公司会代替它们的位置。

1. 日本

日本的互联网行业起步较早。1996 年，孙正义出资 7 200 万美元与

Yahoo 成立了 Yahoo Japan，1997 年，电商 Rakuten 开始运营。但是日本向移动互联网时代的转型并不成功。便利店的普及、高现金使用率和昂贵的人工成本阻止了外卖和支付应用的推广。

在互联网服务方面，日本有两个巨头营收超过 100 亿美元：Z Holding 和 Recruit Holdings。2019 年 11 月，日本 Yahoo 与 Line 合并，新合资公司 Z Holdings 拥有 LINE、门户网站"YAHOO！JAPAN"、电商平台"YAHOO shopping"和"ZOZO"、金融服务公司"Japan Net Bank"等。Recruit Holdings 是一家人力资源服务公司，拥有求职搜索引擎 Indeed 和雇主评论网站 Glassdoor，除了人力资源互联网服务，还提供"临时雇员"服务，相当于人员派遣。其他具有一定规模的互联网企业包括 GMO（提供互联网基础设施服务、广告服务、金融服务）、M3（医疗资源在线服务）等，规模在 20 亿美元左右。

在互联网电商方面，日本本土营收过 100 亿美元的巨头是 Rakuten。其他本土电商还有上面提到的 ZOZO（时尚穿搭和二手服装）、Mercari（C2C 二手交易平台）、DeNA（移动门户和电子商务）、Media Do（电子书销售），规模为 10 亿美元左右。

游戏开发企业在日本的互联网行业十分活跃，体量上甚至大于提供服务与电商的互联网企业。日本游戏开发行业最大的巨头是 Sony，营收超过 200 亿美元，其实应该算美国公司，因其总部设立在美国，且严格来讲不属于互联网游戏企业，应该是一家综合娱乐公司。其次是 Nintendo，营收超过 100 亿美元，Bandai Namco 营收为 80 亿美元左右。其他 20 亿美元左右的企业包括 Square Enix、Cyber Agent、Sega Sammy、Konami。游戏与元宇宙的结合未来可能会产生新的巨头。

在云服务方面，日本云服务市场大部分已经被美国企业垄断，本土云服务企业规模较小，只有 TIS 营收可以达到 10 亿美元规模，其他营收超过 1 亿美元的企业包括富士通云技术、Freebit Cloud、IDC Frontier、Sakura Internet、KAGOYA Cloud、AGS 等。

在 AI 方面，日本在汽车、机器人和电子产业方面的 AI 发展快速。前十大 AI 投资企业包括东芝（Toshiba）、日本电气（NEC）、富士通

（Fujitsu）、日立（Hitachi）、松下（Panasonic）、佳能（Canon）、索尼（Sony）、丰田（Toyota）、日本电报电话（NTT）、三菱（Mitsubishi）。从AI专利申请排名看，比较知名的研究机构和大学有AIST国立先进工业科学技术研究院、NICT国立信息和通信技术研究所、东京大学等。

2. 韩国

韩国互联网和移动互联网渗透率位于世界前列，产生了三大巨头：快速发展起来的电商巨头Coupang、以搜索引擎为主体的Naver、以即时通讯为主体的Kakao。其中Naver和Kakao也是互联网服务方面的两大巨头。

韩国电子商务市场发达，电商总销售额在GDP中的份额全球最高，占比近80%。本土最大的巨头是Coupang，营收超过160亿美元，跟京东模式类似，拥有自建的物流体系，也拥有自己的支付系统。其他电商包括Naver Shopping、SSG、Gmarket，规模都很小，营收不足10亿美元。

韩国游戏产业发达，是全球第四大市场，其中移动游戏增长迅速，占整个游戏行业收入的40%。老牌游戏企业NEXON、Netmarble、NCSoft、Krafton营收在20亿美元左右，大多已经开始布局Web3.0和NFT（非同质化代币，是基于区块链技术的一种数字资产）模式。

在云服务方面，韩国的情况与日本类似。其大部分市场被美国云服务商占据，本土超过1亿美元营收的有KT Cloud、Naver Cloud、NHN Cloud，其中Naver Cloud已经开始拓展日本和东南亚市场，另外还有Kakao Enterprise针对部分垂直行业提供基于AI技术的服务。

韩国AI市场与日本具有一定的相似性，除了互联网外，其主要需求来自电子产业的三星（Samsung）、海力士（SK Hynix），汽车产业的现代（Hyundai）。

3. 欧洲

欧洲排名靠前的互联网企业以从事电子商务、金融科技和生活服务类业务居多，大多集中在德国、英国和法国。欧盟经济一体化的特点扩大了人口优势，欧美文化的相似性帮助欧洲互联网企业不断成长。利用欧盟经济一体化这一优势，甚至北欧人口较少的国家也诞生了具有一定规模的互联网企业。比如诞生于瑞典的流媒体音乐服务企业 Spotify，营收超过百亿美元，是欧洲最大的互联网企业，其营收 37% 来自美国。

德国是互联网企业最多的欧美国家，其业务以电子商务和生活服务为主。德国拥有两家超过百亿美元的电子商务企业：一家是从事时装鞋履业务的 Zalando，另一家是零售企业 OTTO。德国规模小一些的电子商务企业是从事二手车交易的 AUTO1，规模在 60 多亿美元。德国还有两家 70 亿美元左右规模的提供生活服务业务的企业，包括为订户提供食谱和每周膳食创意的在线餐包（Meal Kit）服务商 HelloFresh SE，其 55% 营收来自美国，提供在线食品和交付服务的 Delivery Hero SE，其 64% 营收来自亚洲，并购是其拓展业务的主要方式。从这些企业的营收来源可以看出，互联网企业的业务更容易输出，部分欧洲互联网企业的业务并不仅仅限于欧洲，很多营收来自欧洲之外。另外，德国是汽车之乡，该行业企业的 AI 需求较大，比如大众、奥迪、宝马、奔驰、BOSCH 等，此外，德国大量的高校 AI 需求也很大。

英国的大型互联网企业主要从事电子商务和博彩业务。营收达 50 亿美元规模的企业包括从事在线体育博彩和游戏的 Entain、从事时尚商品销售的 ASOS。营收达 30 亿美元规模的企业包括从事在线食品零售商 Ocado、美妆奢侈品电商 THG 等。

法国较大规模的互联网企业主要从事电子商务和游戏业务。电子商务行业中营收规模超过 20 亿美元的企业包括时尚购物网站 Veepee、在线零售商 Cdiscount 和 Fnac，游戏行业只有 Ubisoft 能够达到 20 亿美元规模。法国还有一家从事网络广告服务的企业 Criteo，营收达到了 20 亿美元规模。

其他国家互联网企业营收能够达到 20 亿美元规模的包括荷兰提供外卖服务的 Just Eat Takeaway、电子商务网站 Bold 和 Coolblue，西班牙提供出行服务的 Amadeus，芬兰的在线游戏企业 Supercell。

除了美国、中国,欧洲拥有最多的科技独角兽企业。欧盟通过欧盟委员会基金直接向科技公司投资,这些企业业务主要集中在金融科技、软件与服务、电子商务、大健康和人工智能领域。

4. 东南亚

东南亚作为亚太增长较快的地区,拥有相对稳健的经济增长基础和庞大的人口基础,互联网业务近年来呈爆发式增长态势。新加坡、印尼和越南在东南亚互联网竞争中取得优势地位,很多企业得到了中国头部互联网企业的投资,复制中国的互联网模式。

新加坡有营收过百亿美元的互联网巨头 SEA,其涵盖了游戏、电商和支付业务,号称东南亚小腾讯。营收达 10 亿美元的公司是阿里巴巴投资的电商 Lazada。其他规模都在几亿美元,比如视频游戏开发和发行商 IGG Inc,提供出行、外卖、支付等互联网服务的 Grab,及提供二手车销售服务的 Carro。

印尼互联网公司能够达到 10 亿美元规模的包括提供出行、电商、支付等服务的 Goto,提供快递服务的 J&T,提供旅行、金融服务的 Traveloka。

越南目前估值最高的互联网公司是区块链游戏开发商 Sky Mavis。其开发的产品可让任何人拥有自己的数字身份和游戏资产。据称在游戏中引入 NFT 概念后,其 2021 年收入迅速达到了 20 亿美元。其他互联网公司还有提供游戏、社交、支付等互联网服务的 VGN,提供电子商务服务的 TIKI,规模均为几亿美元。

5. 中东

中东区域内的海湾国家拥有规模庞大的高收入高消费人群,该区域规模较大的互联网企业主要从事电子商务业务。

土耳其的人口优势使得该国互联网市场相对发达,尤其是其电商销售额远远领先于中东区域内其他国家。中东区域前十大电商有一半出自土耳其。土耳其有区域电商龙头 Trendyol,营收规模 40 多亿美元,以及排名紧跟其后的 Hepsiburada，营收规模大概在 20 多亿美元。

沙特具有一定规模的互联网企业是提供在线分类广告业务的 Haraj。在云业务方面，沙特借助其国家"KSA 云优先政策"以及以中国为代表的外部投资提供云服务。2022 年，阿里巴巴与沙特电信集团（STC）成立专门从事云计算服务和解决方案的合资公司。

阿联酋受益于开放的市场环境和辐射中东的商业位置，促进了源于本地且覆盖中东的互联网企业的发展，其电商企业 Noon 具有一定规模。

以色列的高科技属性使其以 AI 为创新点，服务全球客户。特斯拉的自动驾驶方案供应商 Mobileye 就位于以色列，其被 Intel 收购，并于 2022 年上市。其他具有一定规模的以色列企业包括提供基于云的 Web 开发服务的企业 Wix，全球发展最快的手机游戏初创公司 Moon Active 等。

第四章　海外渠道合作

本章论述海外渠道相关内容，这里没有谈太多通常意义上的渠道如何管理，而是聚焦思维和方法的梳理，即后台管理思维和前端开拓方法。

本章包括五部分内容，第一部分论述如何设计渠道体系，属于后台管理思维。要回归渠道业务的本质是促进销售，要遵循实事求是和支持思维原则，设计规则、激励、保护、认证、推广、工具等渠道体系。第二部分和第三部分都论述渠道开拓方法，第二部分论述渠道的合作不能被动等待，要以战促和，让渠道由被动合作到主动合作。按照行业线的以战促和，就是行业战役或行业复制，形成行业的局部优势。第三部分具体介绍了渠道开拓的四步法，即定位画像、精选渠道、利益匹配、持续合作，通过培育建立忠诚和互信的渠道关系。第四部分和第五部分是对渠道两个问题的认识。第四部分是针对分销业务的分析，分销压货业务很难，尤其是针对商业市场，中国"出海"企业还没有成功的典范，要客观分析问题并提出应对方案。第五部分论述渠道生态和圈子，竞争的最高境界是共生，要建立生态思维下的合作伙伴体系，注重圈子的建立，包括协会、分销圈子、区域或行业渠道圈子、资深销售的圈子。

一、渠道体系设计的核心

海外渠道体系设计如何既简单又实用，这是一个挑战，前提是对海外业务要有实际的了解，对业务存在的问题要有客观的分析和判断，体系设计是为了促进业务，带来业务增量，而不是为了增加管理职能。

常见的体系设计问题

1. 脱离实际

大多数职能部门是自信的，这是专业的体现。但这种自信常带来一个问题，就是职能部门基于自己的专业和既有经验设计一套体系，然后去执行。本部分虽然仅论述渠道管理，但其他职能体系比如销售管理、客户管理、人力资源管理、行政管理等，也存在这个问题。还有个问题是我们后台部门都带着"管理"二字，凡是管理部门，就存在管理的思维，如果改成"支持"二字，可能就会有更多的支持思维。

比如，为了让海外渠道尽早回款而设计了提前回款的返点，这个政策就与实际业务情况不符。海外交易结算要么采用信用证，而信用证无法提前回款，要么是通过中国出口信用保险公司投保，而保险公司已经支付了保险成本，就没有必要提前回款。海外交易的核心是控制风险，而不是提前回款，这个政策对业务没有太大的价值，有点画蛇添足。

脱离实际是根本性的问题，即缺少对业务实际的了解和对实际数据的分析，更多是依据领导的安排，即使有调研，也仅仅是与个别销售或负责人进行大概沟通。并不是说领导的安排不对，而是领导有时并不了解细节，会议听取的汇报是加工过的，甚至是包装过的，有些人可能会基于自己的片面理解或目的提供片面之词。要遵循实事求是的原则，就要分析数据，客观描述发展历程和问题，广泛调研，充分讨论，把大量汇报的时间改成调研和讨论。

2. 复杂而无效

我们往往喜欢从头开始设计体系，抛开既有的已经形成的做法或惯例。结果是虽然我们设计的体系性和专业性更强了，但非常复杂，难以理解。验证一个体系是否适用的标准是大部分人能否记住大部分内容并知道如何执行。

如今渠道协议越来越复杂，最早我自己拟定渠道协议时只让法务审核，没有问题就执行，协议也就只有2~3页。对方审核也快，一份协议最多1个月就可以签订。而现在为了渠道管理的规范性、专业性和合规要求，协议越来越复杂，至少十几页，对方光评审就要很长时间，加上来回沟通，导致一份协议签订要半年时间。

简单而有效的方式，就是基于现状分析现实的问题，并针对核心的问题提出对应的解决方案。也就是说从现实出发去解决1~2个关键问题，大家能够理解，也能够落地，从而更容易验证，这是体系设计的原则。吉姆·柯林斯（Jim Conllins）等的《基业长青》中写道，如果你希望在公司里创造战略性的转变，或许可以试着成为"渐进式的革命分子"，运用虽小却可以看到的成功，影响公司的整体战略。

3. 为了数字而不是业绩

落实到KPI和重点工作是一种管理方法，其让我们提出的各种想法都有落地和追踪的依据。评估需要量化，量化需要一些数字指标，如签约数量、激活数量、压货金额、Fulfill（即给分销的甩单，俗称喂单）金额等。如果不是方向有问题，财务指标的争议可能不大，但是过程化指标有时候还是会出现问题。

比如，存在为了签约而签约的问题，框架协议签约完成得很好，仪式也很圆满，但是合作的少，或者产出很少，甚至签约后连商机都没有。如果能够通过一次性合同实现交易，其实不用签约也能合作，当然这个要看合作方的要求。比如，为了激活而造假，特别是当激活有奖励的时候，过单或虚假报数就成为常态，类似的情况还有累计台数、累计金额奖励等,都可以虚假报数。比如,为了完成分销备货任务,而将项目归为备货,甚至将 OEM 贴牌都归为备货,这种存量里的数字游戏没有任何意义。

设置一些导向性的指标是可以的,但是不能把这些指标变成根本。对业绩的衡量很简单:看业绩的增长。渠道业务无论怎么设计,都是为了带来业绩的增长,如果业绩不增长,指标就是在自欺欺人。

渠道体系设计的原则

我们基于以上的分析,总结一下渠道体系设计的原则。

1. 实事求是原则

这是根本原则,所以值得再次强调。这里要强调的另外一点就是抛开既有经验。理查德·保罗(Richard Paul)和琳达·埃尔德(Linda Elder)等所著的《思辨与立场》中说,我们必须批判性地分析如何利用自己的经验。经验可以是最好的老师,但是带偏见的经验会支持偏见,歪曲的经验会支持失真的事实,自我欺骗式的经验会导致自我欺骗。

具体到渠道业务,需要基于事实思考什么是真实的情况。

(1)分销的定义是什么,转售的就一定是分销吗?负责进口、垫资的渠道,在很多国家的业务界定中也叫分销。

(2)我们的客户经理真的都是在做客户,没有时间和精力负责渠道业务吗?为什么海外业务绝大多数都是通过渠道销售?我们对销售简单划分为客户经理和渠道经理是否符合业务实际。

(3)备货的一个对等权益是 Fulfill。如果我们的业务绝大多数是依靠渠道做的,即使有个别直接做的项目,也是价格很低,甚至亏损,那我们的业务就很难有真正的 Fulfill。只有很强的直接销售队伍才能获取 Fulfill 项目。

(4)我们假设客户划分为指名客户和非指名客户,是为了保护渠道的地盘。我们设想的非指名客户是渠道主导,而实际上我们现在大部分客户都是渠道主导，那么指名和非指名的意义是否要重新考虑？

（5）对渠道的约束真的是通过项目授权、提货权、特价权等实现的吗？

2. 支持性思维原则

我建议渠道管理部改成生态合作部或渠道支持部。海外业务在各个国家市场差异很大，发展阶段不同，后台的管理更多应制定规则并提供支持，而具体的业务管理应该交给前端。

对权益或资源的管理规则要界定清楚，为了做大规模，应采用结果导向，做到内部公平，权益要与销售额挂钩。这些管理规则包括不同渠道类型和职责定义、公司提供的快速签约通道和快速的协议评估机制、快速备货下单通道和对应的返点政策、市场基金资源包和对应的销售额比例关系及申请条件、样机支持政策和申请条件，而对于门槛界定、是否压货、是否 Fulfill、是否授权、是否有提货权等应交给前端，后台为有效实施提供支持。这就是规则加支持性思维。

其他支持性思维还包括将工作的重点放在提供培训赋能、提供销售工具、联合市场推广、联合实验室、白牌定制开发、专属技术支持等方面。此外，应制定有针对性的激励措施，即专项激励，这些都属于支持性工作思维。

渠道体系的六大核心设计

要回归渠道业务的本质，基于此本质来设计渠道体系。渠道业务的本质是为了促进销售，其是厂商销售力量的延伸。设计渠道体系的基本动作就是招募、激活、持续上规模。厂商的措施包括设定规则、激励、项目保护、培训认证、推广和完善销售工具。

1. 为招募和退出设定规则

为了招募，公司应支持相关人员参加各种展会，支持区域组织各种招募和宣讲会,并准备支撑资料,如讲什么、为什么跟我们公司合作、我们渠道的政策框架是什么等。渠道新签约和延续签约门槛除了业绩,还要对通过认证的专业人员数量、商机报备数量和金额、订单数量和金额、市场活动数量进行统计和界定。可建立积分机制,积分可以换取奖励,比如兑换样机、个人旅游;积分也可以作为退出标准,应保证渠道质量而不仅仅是数量。长期来讲,公司还要界定渠道违规行为,制定处罚规则。

2. 为激活和上规模设计激励

为了激活渠道、达到一定的规模、连续产单、突破特殊客户、增值产品销售,应设置针对渠道的定向激励措施,可以按季度发布更新,作为单向激励计划。当然要避免虚报数据,加强渠道审计。这种激励一定要设置到二级代理,即面向客户的终端渠道,并能够调动销售人员的积极性,比如设置销售精英俱乐部,并定期举办活动。规模渠道是标杆和示范,要重点培养和支持,必须筛选出潜在的明星渠道,并重点给予样机支持、市场支持和项目支持。

3. 为渠道利益提供保护

渠道利益保护的核心是保护其运作的项目,不能人为控制。这个问题在海外还不明显,其一是没有项目授权这个制约,有时渠道会被这个授权控制得死死的,是否允许项目投标全在于厂商授权;其二是项目冲突并不多,市场渗透度较低,很少出现几个渠道同时投标一个项目的情况,如果出现,一般也是给同样的价格水平,不会人为控制。但从长期来看,在一个行业内,或针对一个客户,一定会存在渠道保护的问题,要有项目报备机制和报备时间优先原则,以及对项目早期报备的特殊支持。

4. 为提高渠道能力提供培训

为了提高渠道推广产品的能力,要提供人员培训。合作渠道必须有几人通过厂商的认证，这一定层面代表了渠道的人员投入。可要求技术和销售人员必须参与培训，或由厂商提供一部分（比如一半）人员成本费用支持，但是参加培训的人员必须专属销售推广该厂商产品，并定期进行工作复盘和考核。

5. 为扩大市场覆盖面进行推广

渠道是为了扩大市场覆盖面，其实起到了一定的品牌推广的作用。我们要设计不同的宣传推广手段。除了传统的公司主导的品牌推广，还要设计面向渠道的宣传活动，联合渠道的市场推广和宣传，并将渠道的市场拓展贡献作为对渠道的考核内容之一。渠道的宣传推广方式还有联合 ISV 的解决方案适配支持和市场推广，针对战略合作伙伴的联合实验室、联合展厅展示，品牌活动的互相站台，等等。支持部门要研究适合公司的推广方式，并推动落地执行，当然这涉及资源投入。

6. 为满意度和效率完善工具

在渠道的有效运作中，基本的支撑很重要。支撑包括产品配置工具、报价工具、演示工具、测试工具、宣传资料、宣传礼品等，这里专门讲述配置和报价工具。对于复杂产品，产品配置工具很重要，实现起来有一定的难度，但这是基本的工具。渠道如果不会配置产品，就不会主动做方案推荐产品。还需要配置产品报价工具，在分销业务无法支撑的情况下，分销不具备改扩配和自行核价的能力，针对零散项目就无法快速报价。渠道销售不知道卖这个产品自己能否赚到钱，就没有推广的积极性。

二、以战促和，实现突围

以战促和，顾名思义就是想要实现和平相处，要先有战争的威慑。在此以战促和是指为了吸引与渠道的真正合作，先要自己出击，拿下大客户，不能单纯依靠渠道，不能被动等待。

商战

艾·里斯（AI Ries）和杰克·特劳特（Jack Trout）所著的《商战》讲述了商战中的四种常用战略形式：防御战、进攻战、侧翼战和游击战（图4-1）。选择哪一种战略，由你所在竞争领域（行业或品类）的地位和实力决定。一般来说，在100家公司里只有1家应该打防御战，2家应该打进攻战，3家应该打侧翼战，剩下的94家都应该打游击战。

图4-1 战略形势图

进入海外市场，一定程度上是去抢占别人的地盘，因此，要根据海外的市场情况制定战略，要制定合适的开拓路径，要考虑销售模式。

以服务器市场举例，有的企业，比如超微，依靠差异化的产品和销售模式，即快速且差异性的产品线（如高密度）、灵活的部件销售方式、快速的成本报价体系，面对的是白牌组装市场，以及要求快速出新产品和高密度部署的HPC市场。这应该算侧翼战，即在无人（或少人）竞争的地区展开，打时间差，从侧翼逐渐蚕食市场，最终进入部分大客户。有的企业依靠专注化的商业模式，比如广达（Guanta）、纬创（Wistron），其只针对大客户做贴牌，发挥的主要是设计和制造能力，不推品牌，基本没有营销体系，而是依靠展会吸引客户。这个也算侧翼战，即守住一块细分市场。

游击战是机会主义的战略，不做长期规划和打算，不断尝试，打下来就做，打不下来就换。这个解释具有一定的片面性，之所以94%的企业都不得不打游击战，是因为中小型企业面对生存压力，只能在不断尝试中求生存，在生存中寻找长期发展机会，寻找利基市场，并逐渐培育差异化产品。所以，游击战是其不得不经历的一个发展阶段。

剩下的就是进攻战，即要和领导厂商真刀真枪地正面交锋。进攻战应该在狭窄的阵地上发动攻势，也就是明确攻击目标，集中兵力攻击。进攻战打的可能是一个细分市场、一个大客户，甚至是一个大项目。集中兵力原则是被兵家推崇的第一个战略原则，即市场聚焦、资源聚焦。这个前提是目标很明确，而且必须攻克，没有其他迂回空间，比如电信市场，就那么几个电信客户，只能采用进攻战。

进攻战难度很大，可能需要的时间很长，对体系的支撑能力要求较高，对公司的资源消耗也很大。要打进攻战，需要本地渠道的配合。问题是如何吸引渠道来合作，渠道为什么要与我们合作。

被动与主动

渠道合作分为主动合作与被动合作。如果你的品牌足够强势，在一个市场的占有率足够高，客户就会主动在市场上寻找，渠道就会主动找厂商合作，也就是不得不合作，这是品牌的影响和市场的力量。

而针对市场新进入者，有以下两个层次或阶段。

第一个层次是我们主动找渠道，即渠道的开拓。开拓需要一家家渠道去谈判、去培育，招募是在市场上喊一嗓子，愿意合作的渠道就来了。这个阶段很耗时，而且往往效果不好，会发现谈了很多渠道，看上去也很忙，整天报价，但是成功率很低，没有什么大单，业绩也上不去。这表明太依赖渠道的结果是很难做大。这个过程中也可能会有一些合作，但是愿意合作的都是小渠道，产出很少，难以支撑业绩要求。

我开始拓展韩国市场，合作下单的渠道有十几家，大部分都是一年几十万美元零零散散的小订单，有品牌的，也有OEM贴牌的。这些渠道都是我们一家家去谈，一家家去培训，非常辛苦。通过这个阶段，我们在业界有了一定的知名度，圈内的公司都知道了我们的存在。当然观望的也比较多，尤其是拥有大客户资源的渠道不愿意轻易与我们合作。

第二个层次是渠道主动找我们，这与上面说的由于品牌或市场的绝对领先地位而导致的主动合作不同。这可能是由于渠道想寻求新的业务尝试，属于新业务驱动型；可能是由于渠道与原有厂商关系发生了问题，这是机会驱动型；也可能是我们进入了该渠道所覆盖的某个客户或某个行业，这是战斗驱动型，即以战促和。厂商自己先打下山头，渠道一看有新的供应商进入自己的地盘了，有赚钱的机会了，或者为了保持自身在行业内的地位，就会来主动谈合作。

按照行业线的以战促和

我们按照行业线的方式梳理以战促和，其中包括了我们常说的"打下山头""以点带面""行业复制"等概念。以下是几个关键动作说明，可以称为行业打法，或者行业开拓模式。

1. 打下"山头"，形成影响力

"山头"就是行业的 TOP 客户，在行业内具有一定的示范效应。进攻战就是攻下山头，形成行业影响力。这里面有两个难点：第一是能否选对，第二是能否坚持。这个内容在"决策：到底是选择坚持还是放弃"里面已经论述，坚持与放弃是评估后的抉择和平衡。

当然"山头"是否就意味着一定是那个最大的，这个不一定。我们可以定义行业 TOP3 或 TOP5 的都属于"山头"，这要结合市场的大小而定。对于大市场，甚至 TOP10 的都可以有影响力，但在小国家市场，可能除了 TOP3，后面客户的说服力就不大了。比如在韩国市场，只有 TOP3 的影响力较大，后面的客户潜力很小；在美国市场，TOP20 的都具有很大的市场影响力；在欧洲市场，由于客户分散在不同国家，即使 TOP20 的客户在本国也具有一定的影响力。

在攻击的过程中，即使有合作渠道，厂商也必须有客户经理直接跟进客户。只有建立一定的客户信任和关系，才能找到合适的渠道，有效带动渠道。如果光指望渠道，客户经理变成了渠道经理，则很难突破。

这就是单点的以战促和。

打"山头"靠谁去打，是用子弟兵还是依靠空降兵，要基于实际情况分析。其总体原则是基于客户找销售，但是也不要陷入超级 Sales 的怪圈，因为子弟兵可能也能打下"山头"。打仗要明确目标，但是用人要灵活，要"不拘一格降人才"。

2. 指哪打哪，形成行业的局部优势

指哪打哪，是说先列出行业 TOP 客户名单，然后按照规模顺序依据于客户选择标准进行攻击。

形成行业的局部优势，可以理解为上一步的递进，打下"山头"之后，就在行业内复制打法和经验，甚至延伸人脉资源。在行业形成一定的占有率，即构建行业的局部优势，从而在行业内进行市场推广，形成行业内的品牌知名度。

如果短期内打不下"山头"怎么办？也不能就一直等着。我们可以利用侧翼战的思路，利用差异化的优势（比如产品、交付）打其他客户，可以先突破一些中小客户，逐渐渗透影响 TOP 客户。

有了行业的局部优势，就可以吸引行业内有实力的渠道，就会有人来主动合作。此时我们的渠道开拓就会更有成效，就建立了行业的渠道体系。

接下来要考虑的是行业渠道地盘划分问题、客户和项目保护问题，就要有一些基本的规则，比如客户划分和保护、项目报备等，不能进入混战状态。

以战促和的促进手段

以战促和有几个主要促进手段：投资源、建队伍、扩圈子。

公司要能投入资源，包括针对 TOP 客户的临门一脚。投入谁都能理解，而且现在投入了，后面就有回报。但问题是如果个别客户需要持续投入怎么办？如果这次投入进去了，下次不投入就出来了，那该怎么办？这就要评估投入的价值。应评估是否能形成所谓的行业影响力，进而有助于其他客户开拓；是否能通过建立信任获取不需要投入的项目机会。如果答案都是否定的，就要谨慎投入或控制投入次数。否则形成投入惯性，不投入就做不下项目，那就没有意义了。

日本有家知名客户采用反向竞拍（Reverse Auction，RA）模式招标，价格打得很低。如果项目不大，一次性投入，则公司可以承受。但是如果每次都要亏损投入，公司就会感觉这种客户没有价值，看不到赚钱的希望。但是我们发现该客户还有其他方案型产品机会，而该类项目并不需要 RA，竞争不激烈，价格也很好，这个可能就是客户为建立信任的供应商提供的平衡方案，因为客户也知道，不可能有厂商一直做亏损的生意。

建队伍即围绕行业建队伍。原来打山头的变成团队经理（Team leader），公司为其提供了上升路径。在这个阶段，由于已经有了一些合作渠道，又会出现前面提到的问题，即招聘的是客户经理，实际都是渠道经理，又变成了完全依赖渠道。

扩圈子即行业内的生态建设，应参加行业协会、展会，甚至可以发布或推广行业联合方案，以扩大行业影响力。

三、渠道开拓步骤

什么是真正的合作伙伴，我的定义是："基于利益，业务模式匹配，有共同的发展目标，为此配置了专门的资源，将厂商作为主力合作对象，愿意与厂商一起发展成长，且经过一段时间的验证，能够产生稳定业绩的合作伙伴。"本部分中合作伙伴和渠道的提法会混用，本质上指的是一个意思。

这种渠道合作模式与机会合作不同，与尝试合作不同，更与一次性合作不同，属于忠诚的渠道，也就是可以持续合作的渠道，而且是不会轻易把厂商抛弃的渠道。但是从实际情况来看，我们在海外很难实现，好像合作很难长久，需要思考原因是什么，也就是如何培育忠诚的渠道。

忠诚的渠道从何而来

1. 培育渠道

每个厂商都有一些忠诚的渠道，你会发现想合作的渠道跟其他厂商都已经合作十多年甚至二十年了。虽然渠道有各种抱怨，但是要让它真跟我们合作，它还是下不了决心，或者存在各种限制，比如其他厂商会设置排他性条款。这就是除了忠诚，延伸出来的惯性和约束。一开始是爱情，可能时间长了就是习惯和责任了。所以，挖墙脚可以尝试，但是难度较大，除非原有合作出现问题甚至原有关系破裂。

即使是原有关系破裂了，甚至原有厂商撤出这个行业了，我们有可能赶紧去寻求合作吗？可能会容易谈，但是否能持续合作，还要看我前面提到的关键点：业务模式是否匹配、是否有共同的目标、否有专门的资源，如果没有这些，也很难合作。

我在日本曾经合作过一家渠道，其是超微的老渠道。以前每次见面，它对超微各种抱怨和不满，也愿意接受我们的产品培训，每次交流也都很愉快，但就是无法落实项目，虽然偶尔会有些项目询价，但都不了了之。这里面就有合作的惯性：他们已经习惯了超微的产品、销售模式、报价方式，销售没有太强的动力去尝试新的品牌。这里面也有产品不匹配的原因：他们做得比较多的是医疗行业，用的非标准产品，尺寸很小，要能够放到医疗检测室的柜子里面。当然也存在业务模式的原因：他们承担了一定的分销职能，这个分销更多是交易通路的职能，而不是压货，其二级代理对我们并不熟悉，没有专门的销售资源去推。我们认识了近十年，基本上很少有生意，渐渐也就很少联系了。

2. 建立信任

伯特·罗森布罗姆（Bert Rosenbloom）在《营销渠道管理》中说，从长期竞争变量的竞争优势开发的立场来看，专注于营造制造商及其渠道成员之间强有力的关系的渠道策略会非常富有成效，其主要原因是难以模仿。它不能用技术迅速复制，不是一项简单的成本优势，也不是依据产品价格和促销策略构成的竞争优势。可导致渠道成员之间强有力关系的渠道策略很大程度上依赖于信任、信用和人的权力。

信任的建立依靠的是能赚到钱、足够长的时间、一定次数和规模的交易、关系融洽、有问题但是能协商及时解决、不定期的非正式交流活动、厂商赋能带来的能力提升等。信任的建立依靠于人的推动，所以对渠道经理的要求并不低。在商业市场，我们往往更重视客户经理（其实可能是依赖于集成商），而不重视渠道经理。我们让有经验的人做客户经理，让刚毕业的人做渠道经理，这个导向就有点问题。

杰克·韦尔奇（Jack Welch）在《商业的本质》中说，在商业领域，求真务实的态度是一个具有竞争力的武器，能够提高公司的运作效率，提高公司的公平性、灵活性和创新性。

渠道开拓四步法

1. 定位画像

发展合作伙伴就像找对象，什么样的适合我们，需要提前有个标准或画像，这也涉及目标市场选择问题。可以参考以下因素：第一，围绕行业找渠道；第二，围绕客户找渠道；第三，围绕对手找渠道（挖墙脚）；第四，围绕业务模式找渠道，卖品牌机与白牌机的不同，卖整机和组装的不同；第五，围绕类型找渠道，即分销商、大型集成商、中小型代理商、方案提供商、服务商、OEM 贴牌渠道。

这样大概的画像就出来了，针对什么行业、什么客户、什么业务模式、什么类型。比如针对互联网行业的 TOP10 客户，寻找可以直接做客户的代理商，可以是代理商、方案提供商、服务商，核心是要有关系。比如针对 AI 行业，寻找具有方案集成能力的集成商，其有自己的软件或集成能力，不限定客户。在 AI 渠道的培育方面，我们做得比较成功，在 2017 年就开始重点寻找并培育 AI 渠道，主要从英伟达

（NVIDIA）的合作渠道寻找，并注重参加NVIDIA组织的展会，进入了AI渠道圈子。在AI市场快速发展和上规模之后，这些渠道成为我们主要的业绩贡献力量。

我们有时会收到调研并输出某个国家TOP10渠道（集成商）的任务，并作为年度工作任务。这个很难理解：要输出个名单一天就可以搞定，关键是输出这个名单的价值是什么，输出了就可以合作吗？

2. 精选渠道

有了目标之后，可以精选渠道。既可以通过展会、网络、人脉、分销的二级渠道介绍，有能力的话，也可以自行举办宣讲会（招募会）。

网络方式的有效性较低，比如直接发邮件、直接通过社交工具添加对方负责人，这是初级方式。参加展会是吸引渠道的有效方式，很多代理会去展会寻找合适的产品，这是中国台湾厂商惯用的方式。人脉包括顾问、客户、协会、华人相关公司等，通过新入职销售可带来新渠道，甚至是竞争对手的人脉。分销体系带来二级渠道，这是一个比较容易想到而且期待的方式，但是不能对此期望太高。你会发现分销用了很大的热情向其二级渠道推荐新厂商，但实际有兴趣的不多，能够实际成交的更是寥寥无几。这也就是分销很难做起来的原因，因为他无法影响客户，也左右不了二级渠道。

可以建立类似以下的合作推进表格（表4-1），每个月滚动制定工作计划并总结阶段进展，避免出现谈的热乎，经常报价，但成效并不显著的情况。

表4-1 合作伙伴信息表

公司情况				联系信息			合作推进		
名称	性质	公司实力	业务情况	部门	姓名	职务	合作点	工作计划	阶段性进展

3. 利益匹配

利益匹配也是互相判断的过程，这是核心环节。合作伙伴需要时间培育，更需要有效的方法快速评估，以免浪费时间和精力。可以从三个方面去进行匹配，即意愿、模式、人。

意愿很重要，即渠道确实想寻找新的厂商，而不是仅仅想试试；厂商也有强烈意愿与该渠道进行合作，也不是仅仅为了广撒网。我们在拓展渠道时，通过第一次会议一般可以感受到对方的意愿。如果对方安排了接口，也安排了接下来要办理的事情，说明愿意去尝试，但是这种意愿很弱；如果销售不给力或项目长时间无结果，大家逐渐就失去了兴趣。比较难判断的是在韩国市场，渠道很快跟厂商打成一片，老板也出面了，但是仍然迟迟没有项目落地。这其中除了文化的原因，还有大家的期望偏差，渠道期望厂商能给它带来生意。

模式匹配，即对厂商的销售模式、报价模式、技术支持模式、售后服务模式，渠道有充分的了解，而且也能适应，同时厂商也认同合作伙伴的销售模式、利润水平。我在日本发展的最早的一个集成商渠道合作得还算顺利，关系也不错，但在模式上匹配难度很大，比如对方要求产品上市前就要测试和报价，要求提供产品列表报价直接下单而不是用特价申请方式。因此，我们虽然后来断断续续有些合作，但是很难做大，因为大家都别扭。

人的关系，即厂商与渠道的关系融洽，能成为朋友，建立私交，双方关系能成为合作的润滑剂。当然也要建立全方位的接触，包括老板、销售、技术、商务等方面，不能单线联系。

4. 持续合作

持续合作的推动需要从以下几个方面努力。第一，每年的商业计划书。需要我们的渠道经理与对方负责人讨论确定，并通过会议讨论双方认可。应按照年度制定商业计划书，每季度复盘更新，让大家的目标保持一致，并及时解决分歧和问题。当然商业计划书一定会涉及资源投入,否则渠道没有动力和积极性去制定和落实。第二,项目定期沟通。应与代理的销售一起分析项目,对其提供必要的支持,以提高项目成功率,建立信心。同时这也是为了管理预期,不能让对方不断失望。第三,定期的培训认证。要建立比较规范的代理认证体系,提升代理的产品能力和销售能力,这个方面我们与国际厂商差距很大,尤其是思科(全球领先的网络解决方案供应商)认证,成为了个人能力的象征。其他常规性的推进手段,还有市场活动等。

几个问题

1. 关系转化不成业绩

有时候会出现看上去关系很好,但就是不出业绩,即关系转化不成业绩的情况。跟老板的关系很好,但是下面不给力;跟销售人员关系也很好,但是项目就是不靠谱。

其中有几个原因:第一,老板无法强压下属,客户关系在下属手里,而且小代理公司相对民主。我们需要建立与实际能创造业绩的销售人员的关系。这种情况我们在日本代理公司遇到的较多。跟代理的老板关系用处不是很大,因为他不会强制下面的销售人员。第二,渠道与客户并没有真正的关系,即使有关系还要看渠道跟客户的谁有关系,不是有关系就能做成项目。比如,只认识客户的社长就能做成项目吗?这就是关系陷阱:有关系的人或号称有关系的人太多了。这种情况我们在韩国遇到的最多:有各种客户关系的渠道很多,而且也都是认识客户高层,但是很多都无法转化成销售业绩,原因就是这种关系很多无法落地,现场人员不支持,上面的人不可能为了这点项目直接插手。第三,缺少合作的坚定推动者。在渠道里面必须有中坚力量,力挺跟我们的合作,如销售负责人、技术负责人等。这些人在出现问题时能出面协调,并能够影响决策。我们有家渠道合作了十多年,中间也出现过一些问题,比如我们这边更换销售人员、对方更换负责人、合作模式变更、产品出现问题、项目丢标的抱怨等,但是该渠道的技术总监一直力挺我们，就成为我们能够延续合作的润滑剂和加固剂。

2. 针对二级渠道的激励促进手段

我们的激励项目设计大多是针对分销的，触达不了二级渠道，效果并不是很好。二级渠道需要不断地激励促进，不仅仅是针对公司的激励，还要考虑对销售的激励。能否出业绩，很多时候在于销售。除了关系促进之外，需要在合规的情况下考虑对销售的激励手段。比如对行业突破、客户突破、拿下大项目，可以提供实物奖励。除实物奖励，也可以给销售提供商务考察、旅游、荣誉等奖励。

针对公司的激励手段各家不同，常规手段包括目标达成奖励、样机报销、市场基金、单品促销等。

四、海外分销业务的困局和方案

我开拓过不同类型的代理，也尝试过不同的分销，转到后台系统管理过渠道业务，对分销业务的问题和困局感受较深。

合作伙伴类型

合作伙伴类型分为销售通路型和职能型。其中，销售通路包括分销商和一级二级代理商，分销商负责转售，原则上不能直销。分销商分为国代和省分（省区分销商），分销又可按体量划分为不同等级，比如钻石、金牌、银牌。

一级二级代理商的称谓有多种，比如叫 SP（Strategy Partner），分为 SP1 和 SP2。其中，SP1 是在某一（几）个行业具有全国性销售能力和影响力的解决方案提供商，即全国性大型 SI，其可以直接向厂商提货，当然分销压货的产品或者低于一定特价审批门槛的也需要向分销提货。SP2 是指在某一个区域达到一定业绩门槛的代理商，有的厂商叫经销商，达到一定规模的分出来叫增值代理商，即 VAR（Value Added Reseller），其需要向分销提货，个别 VAR 规模较大的也可以向厂商直提。

职能型包括解决方案合作伙伴，即 ISV（Independent Software Vendor，独立软件开发商），合作认证和推广联合解决方案，其并不作为销售通路，更多属于生态建设的范畴；此外，职能型还包括服务合作伙伴，即授权认证服务提供商，其也可能销售和服务兼备。

在"逐步建立生态与圈子是渠道业务的根本"中还会有对合作伙伴类型的更详细介绍，这里是为了说明分销与其他合作伙伴的关系和区别。

分销业务规则

1. RR/DSR/Fulfill

Runrate（RR）是流量业务，即分销压货业务。其中卖进（Sell in）是指向分销压货，一般按照季度进行。压货产品一般是低端流量产品，也可以是全系列产品。卖出（Sell out）是面向指名客户和非指名客户将压货销售出去，如果是只压低端，厂商一般情况不再通过特价提供，当然厂商可以设定特殊行业或达到一定的规模可以批特单，而这往往成为矛盾焦点。如果是全系列产品压货，就必须通过特单控制，低于多少金额的不批特价，必须通过分销 Sell out，无论是指名还是非指名。所以无论哪种压货方式，客户经理（负责指名客户）和渠道经理（负责非指名客户）都有卖出职责，同样，他们也都可以做特单，只不过原则上客户经理的特单应该是自己做的或由他（她）主导做的，而渠道经理的特单来自渠道报备商机。

DSR 是 Distribution Sales Report 的缩写，即分销销售报告，只有分销向厂商提供了 DSR 才能认定为 Sell out，并确认为销售的业绩收入，给分销和二级代理返点奖励。DSR 的审计比较关键，需要保证信息的真实性。一般非指名客户的 DSR 由渠道经理提供，指名客户的 DSR 由客户经理提供，如果不分指名非指名，渠道经理和客户经理就需要复算 Sell out 业绩。

Fulfill 即履行，是为了鼓励分销压货，给予分销的甩单，旨在让分销走单以获取利润，这种单都是特价单。所谓甩单，即将销售打下的或联合 ISV 或增值代理做下的单子，选择性地给某家分销，这属于销售行为，里面含有关系、利益、商务等因素，销售负责人需要平衡分配。而分销以及其绑定的二级代理发现的商机属于自有商机，不算 Fulfill，渠道经理通过其他增值渠道跟进的商机才算 Fulfill。如果二级代理不分绑定和不绑定的增值，那所有渠道经理通过二级代理获取的商机都不算 Fulfill，只有客户经理针对指名客户的特单才叫 Fulfill，也可以不指定指名非指名，只以销售身份认定。

2. Program（激励项目）设计

渠道协议和 Program（针对渠道的激励项目）分开，Program 年度发布，中间可以根据情况进行调整，且解释权在厂商，这种方式具有更大的灵活性，一定程度上能够避免法律纠纷；Program 是单向发布，属于公司的规定，有的需要代理书面确认反馈（如任务），有的则不需要，只是一个兑现奖励的规则说明（如返点）。

针对分销的激励包括整体业绩返点（含特单，不建议设置此奖励）、Demo 样机报销、压货季度返点、压货年度返点、市场基金，其中季度和年度设计要考虑业务的连续性，比如可以将部分设计放在年底。也有关于二级代理开拓方面的奖励，比如激活、单一产出达到多少规模、持续产出，或者针对非指名客户的激活奖励，但是这其中容易出现造假，需要根据情况进行设计。

厂商的管理到了分销、一级代理基本上就结束了，往往对二级代理的激励和直接管理不够，也就是对 Sell out 没有直接的促进手段。如果针对二级代理设计激励，包括业绩台阶返点（含特单，鼓励二级代理做大）、Runrate 返点（可以设置成金额、台数或针对的目标行业），为了避免累单，需要先报备线索，并由渠道经理确认。

针对 ISV 的奖励主要是为了促进联合方案落地。所有认证的联合方案形成方案池并向市场推广，无论是 ISV 自身，还是其他代理，只要落地就给予奖励,同样需要提前报备线索,并由渠道经理确认。

海外分销业务问题

下面结合我的经历分析一下分销的困局。当然国内的困局跟海外的不同,这里主要依据海外的现状分析困局,同时也会兼顾国内的分析,问题具有一定的相通性。

我曾经尝试发展过不同类型的海外分销,从超微的分销开始,但由于业务模式不匹配,故没有成功;于是我又转向 HPE 的分销,发现其分销做法跟中国不同,分销至少一半还是靠自己独有的大客户支撑业务,部分是通过其二级代理转售。当时我们双方都有意愿合作,分销也想尝试新的品牌,但是由于 HPE 的排他代理模式(即如果分销其他品牌,即取消分销资格),他们只能成立单独的子公司,结果是运作了一年,很不成功。最后我决定自己培育,将小代理零散订单向一家有意愿合作的代理引导集中,这就产生了分销的压货。我感觉在初期阶段,分销是培育和发展出来的业务,当然,要找到合适的培养对象也较难。下面结合这些经历谈谈分销的困局和方案。

1. Sell out 问题——推拉 + 激励

解决不了 Sell out,就不可能有 Sell in,硬 Sell in 就会面临退货、合作崩裂等问题。要解决 Sell out 的问题,就要推拉结合。所谓"拉",就是"以营带销",即品牌在市场上的声音和拉动,比如参加本地的展会、组织市场活动、媒体持续投放。市场上有客户愿意主动去购买,才叫拉动成功,这需要持续的投入和规划。所谓"推",除了客户经理直接做单产生的 Sell out 外,需要直接管理和推动二级代理。这其中的问题是靠谁,靠分销可以吗?我感觉有用,最起码它可以筛选出合作紧密的、有初步意愿的二级代理。但是光有这一步还不行,也需要渠道经理的紧密推动,像做客户一样做二级代理的关系,并同其一起推动项目成交,这才叫推动成功。也就是在推的层面,先期还是要依靠厂商的渠道经理和客户经理,"以战促和"。如果我们自己都没有途径和办法打下单子,光指望分销是不行的,而且推动二级代理是拓展潜在客户的重要手段。

还有一个重要的方面,就是厂商对分销和二级代理的激励设计。针对分销,应设计 Demo 样机扶持、新二级代理突破奖励、二级代理达到一定规模的奖励,鼓励突破,鼓励做大,树立典型和榜样。只有赚钱的示范出来了,其他渠道才有兴趣,但这个过程中必须杜绝造假。针对二级代理,可设置新客户突破奖励、单项目达到一定金额的奖励、Sell out 台阶奖励等,二级代理的奖励要尽量能够兑现到个人,发挥其销售人员的积极性。在合规的前提下,可以给二级代理的销售提供物质奖励。

2. 二级代理的积极性问题——利益保护

渠道的核心是利益。如果不赚钱,厂商再怎么宣传和管理也没用。我管理渠道的时候提出过"耕者有其田,利益能保护,厂商做裁判,头部做示范"的原则。所谓"耕者有其田",就是要保护二级代理的客户和项目,避免代理之间的恶性价格竞争,尤其是要避免厂商销售通过授权和特价申请权进行操控,这就要梳理每一家二级代理的客户资源池和项目水库,即渠道客户地图。当然厂商也要裁决和判定,项目要执行优先报备原则,避免"跑马圈地"。

分销销售体系是一个要直达客户的体系,如果只是在管理分销,没有针对二级代理的保护,则无法激发其的积极性,也无法通过二级代理有效覆盖客户,这就不是一个有效的销售体系。所以我一直强调,分销体系的管理核心在二级代理。要精细化二级代理的管理,渠道经理对每家二级代理的客户和项目要了如指掌,且渠道经理要掌握授权、特价、报备等政策的主动权。厂商要控制好权力的使用,经得起审计,以保护二级代理利益。

3. 分销的价值问题——六大价值

我发现海外对分销的叫法很乱,有的分销只是资金平台,垫资以赚取利润,并无 Sell out 能力,这种应该叫资金平台,不叫分销。有的分销只是处理进口物流，更不能叫分销，只能叫物流公司。分销英文是 Distributor，是能够 Sell out 货物的，也就是其要有大量的二级代理资源。

分销要具备以下几个价值：第一是测试样机资源池，有的是厂商政策支持的，有的是自购的，以支持二级代理的样机测试；第二是本地 L1 的技术支持，作为厂商技术支持的补充，其要能够提供基本的技术支持服务；第三是具有资金能力，能够解决资金问题，以降低资金成本，同时要具有应对汇率波动的能力，通过锁汇手段和选择换汇时间，平抑汇率风险；第四是针对二级代理的拓展和管理，要配合渠道经理一起，加强二级代理管理；第五是方案资源平台，要能够将不同厂商的方案整合到一起，提高项目赢率，为二级代理输出"弹药"；第六是协同厂商进行市场推广工作。

所以分销不能局限于压货功能，应具备以上价值。如果只是厂商逼着压货，那么结果可能就是货卖不出去，只能依靠 Fulfill 赚钱，增加 Fulfill 加成，影响项目赢率，挤压厂商利润。为了争夺 Fulfill，分销的销售的更多精力会放在厂商客户经理身上，而不是二级代理身上，这样一来二级代理就变成了有项目就合作，没有项目无人搭理的沉寂伙伴。

4. 分销的管理权力问题——矩阵管理

推动分销 Sell out 的核心力量是渠道经理和客户经理。二级代理在区域，渠道经理和客户经理也在区域，所以分销业务跟区域业务密不可分。如果分销业务总部垂直管理，就割裂了与区域的结合，Sell out 就很难把控。

但是如果分销全部放给区域，也存在问题。区域销售在业绩压力下，很难兼顾短期结果和长期结果，其精力会主要放在大客户和大项目上，不会系统地对二级代理进行管理和推进，项目与渠道争利的情况也会存在。在这种情况下，区域销售只可能基于项目出发，渠道也会处于放羊状态。

所以完全的垂直管理和完全地放给区域都存在问题。分销+渠道经理体系要看长线，需要总部出具政策。渠道经理组织上（成本）归属于渠道部，同时区域要有单独的分销 Sell out 任务，并对渠道经理进行矩阵管理，以促进渠道经理与客户经理的配合，平衡制约权力、利益保护、Fulfill 分配等问题。

五、逐步建立生态与圈子是渠道业务的根本

生态系统（Ecosystem）是一个相互作用、相互依存的系统。渠道生态借用这一概念，指的是各种职能的合作伙伴互相合作形成的商业环境，合作共生是渠道生态建立的原则。而圈子是一个通俗的说法，圈子是市场信息的触角，不进入圈子就会两眼一抹黑。发展渠道的根本目的就是为了建立生态和进入圈子。

竞争的最高境界是共生

如果一个企业总是在强调竞争对手是谁，那这个企业很危险，未来也是不可预测的，因为竞争对手、竞争态势和竞争结果都不断在变化；如果一个企业属于不同的生态，甚至在主导一个生态，有很多实际在合作的生态合作伙伴，那这个企业是有发展前景的，因为生态具备内生增长性，具有相互依附关系，是一个相对稳定、可持续发展的结构。

例如，苹果（Apple）其实不是一个单纯的手机厂商，它的成功是打造了围绕 Apple Store 的 APP 应用生态，可提供约 180 万款应用，每周访问用户超过 5 亿，为超过 3 000 万名注册开发者提供各种工具、资源和支持。2021 年开发者获得的总收入为 600 亿美元，保持每年 30% 左右的增长幅度，其中大中华区有 500 万名注册开发者。

又如，小米利用自身的市场渠道、用户群、供应链管理、投资等资源能力与创业者交易，以投资参股的方式进行智能生态的布局，参与利润的分享，快速推出各种智能家电产品。这种构建方法非常快，迅速构建起了一个产业平台，这就是指数化组织建立的产业生态。

生态思维下的合作伙伴体系

在"对合作伙伴的三个再认识"中,也谈到了渠道功能的再定位,提出了渠道是一种销售模式,甚至是一种商业模式,这是从模式角度进行的解读。

从生态的角度看,渠道的概念和范畴要大大拓展,所以华为的渠道部也叫生态合作业务部。华为的生态伙伴全景图包括:①传统的销售合作伙伴;②解决方案合作伙伴(ISV);③服务合作伙伴;④投融资合作伙伴;⑤人才生态合作伙伴。而我们传统的渠道体系一般仅包括第一种,最多会增加第二种,而第三种属于服务部门管理,很多时候与销售业务的紧密度并不强,第四种属于证券部或资金管理部或投资部管理,与业务离得更远,第五种则属于人力资源部门管理。

在每个国家,业务都要面对完整的生态环境,需要按照生态思维逐渐建立合作伙伴体系。在传统销售渠道层面我们要注重圈子的建立。针对一些新兴应用,比如自动驾驶、量子计算、元宇宙、数字货币等,要特别投入资源并驱动解决方案合作伙伴的生态建设。

在服务合作伙伴方面,第一要让服务合作伙伴成为销售业务的一部分,并让业务部门参与服务合作伙伴的评选甚至管理,我提到过销售代理提供服务的模式,即服务与销售代理业务的结合,这是在日韩比较常见的模式;第二要让服务合作伙伴推动业务的发展,服务不仅仅是解决问题,还要承担维系并提升客户关系的职能,所以服务不能"一包了之";第三要让服务创造收益,服务是一种产品,要重视服务产品营销,战略性客户选择产品,更看重服务,服务创造的价值远远大于低价。

在投融资合作伙伴方面,中国企业用的保险公司一般是中国的,保险费率相对较高,理赔周期长,理赔难度大。中国企业用的资金一般是中国的银行机构,资金成本较高,所以账期成本就高,一定程度上会影响价格竞争力。如果能够在本地寻找金融机构合作,提供本地化的融资(租赁)、保险服务,甚至能够提供全球范围内的金融服务,就能在一定程度上促进我们的业务发展,尤其是对于财阀经济体,金融机构可以作为担保,推荐其财阀体系内的客户资源或介绍进入他们的圈子。当然,我们的财务体系都在国内,不可能建立与本地金融机构的合作。

人才生态合作伙伴主要包括高校、培训机构、猎聘机构等,这种我们做得更少。如果不是真正的本土化运作,合作关系建立的难度很大。但是全球化竞赛是一种好的方式,比如 HPC 竞赛,其可以触达部分高校,当然每个国家的触达面还远远不够,更多是宣传性质。

另外,还有一个重要的生态伙伴是上游厂商,包括硬件和软件的。上游厂商可以协助推进本地业务的发展,可以进行特价审批,提供信息,介绍合作伙伴或客户,也可以介绍圈子。

ISV 合作思维的实践和问题

ISV(Independent Software Vendor)合作伙伴是指专门从事软件的开发、生产、销售和服务,具有自主软件产品,能够在软硬件平台基础上进行二次开发或集成应用的行业应用伙伴。这种合作伙伴很多不销售硬件,只是做适配或开发,即使销售硬件,也不是重点业务,有些为了做大业绩数据,会把硬件作为重点,与硬件厂商走得比较近。

这种合作伙伴在行业内具有很大的影响力或话语权,他们可以推荐硬件产品,所以适配就变得很重要。硬件厂商寻求的是 ISV 的优先推荐、解决方案的落地,以及在行业内的复制。为了提高 ISV 的积极性,需要设置适配方面的激励措施(投入样机、人员和资金)、软硬件解决方案落地的奖励措施。给 ISV 的落地奖励包括 ISV 自身落地的,叫直接奖励;通过其他渠道或硬件厂商自己落地的,叫间接奖励。还有品牌方面的互相站台和推广宣传,这属于品牌效应,所以头部且具有技术领先性的厂商更容易建立 ISV 生态,比如曾经辉煌过的 IBM Power 小型机。

实际操作中可能的问题包括:

(1)硬件通用性太强,ISV 没有动力去适配、推荐,或者只是推荐知名品牌,或关系好的、服务有保障的品牌。新品牌对 ISV 没有足够的吸引力,价格不是 ISV 考量的核心点。

(2)缺乏对行业应用的理解,厂商推动的一些联合方案具有拼凑和宣传性质,实际上没有客户需求、需求不匹配或者需求不成熟,也就是有方案没有市场。

(3)方案销售难度太大,投入产出不匹配。ISV 自身只关注软件,对整体方案没有推动的动力,其他集成商也不愿意投入资源去"吃螃蟹",甚至硬件厂商自己的销售都不愿意去推动。

(4)公司没有投入资源推动适配,包括样机、激励、联合推广等,也没有投入资源去激励 ISV、集成商、销售去推动落地,只是停留在宣传和口号层面。

当然在海外我们不可能铺开去建立 ISV 生态,但是在新兴业务方向,要有 ISV 合作思维。之所以要提出新兴业务方向,是因为传统的业务方向已经比较固化,新品牌不可能去实现替代,ISV 没有这个动力,硬件并不是方案的关键。但是新兴业务方向是一个空白的领域,谁能快速识别机会,愿意投入资源,具有生态合作思维,谁就能够寻找到方法去复制推广,比如自动驾驶、边缘计算、视频识别等。

我们在日本就成功与 ISV 联合推出了自动停车场方案,通过边缘计算设备可以自动识别车辆信息,自动启动阻挡板,扫码付费后自动开启阻挡板,实现了完全无人值守,又不用增设 ETC 系统。

基于传统销售渠道的圈子建立

1. 协会

协会是一个圈子。以华为日本为例:2011 年华为日本加入了经济团体联合会(简称经团联)。经团联是日本最权威的一个企业家俱乐部。该俱乐部的主体是日本最有实力的、最有信誉的企业,成为会员代表了实力和信誉。经团联的会员总共不到 1 500 家,其中大概有 100 多家欧美企业,也有韩国企业,但是其会员中的中国企业只有华为。华为能够加入，得益于两个会员的推荐：东京三菱 UFJ 银行和 Mizuho（瑞穗）证券。这两家金融机构背后的财阀在日本地位很高，这就是前面提到投融资合作伙伴的作用。之所以它们会推荐华为，是因为它们与华为在中国香港地区有全球无线设备方面的融资合作，华为是它们的客户。

当然我们无法复制华为的这个例子，但是主动加入与业务相关的协会是必须建立的思维习惯。比如日本有数据中心协会（JDCC），我曾经邀请协会工作人员参观过我们公司。大部分协会工作人员都是来自数据中心领域的专家，厂商可以寻求加入协会，赞助它们的活动，或者邀请它们来参观考察交流，这些都有助于进行品牌推广。

2. 分销圈子

分销对业务的一个很重要的价值是提供圈子，而不仅仅是压货。即每个分销下面都有其相对固定的二级代理商，甚至在国内有业务绑定的情况，厂商对绑定还会有些奖励。当然这个圈子的利用难度很大，一方面在于分销会对厂商开放多少，也就是主动介绍多少；另一个方面也有赖于二级代理的兴趣。为了有效利用并扩大这个圈子，厂商要采用一些积极有效的方式，比如培训（除了产品，要安排知识技能型的培训）、邀请总部参观、联合参展、举办有激励性的比赛，等等。所以评价一个分销经理的业绩，除了看数字，还要看通过分销带来了几家有价值的二级代理。

3. 区域或行业渠道圈子

圈子具有地域特性，也具有行业特性，其通过各种展会、论坛、竞争、人员流动等方式建立。地域性的圈子一般指地市级，由于地方不大，代理不多，大家互相都认识，信息也很灵敏，都知道谁与哪个厂商合作了，谁中标哪个项目了，谁与哪个厂商关系搞僵了，所以，口碑很重要，示范性很重要。行业性的圈子更多是通过展会、技术论坛等方式建立，所以参加行业展会是个很好的方式，比如欧洲 HPC 展会，基本上所有的 HPC 集成商都会参加；日本 AI 展，本地新兴的 AI 独角兽都会参展；比如英伟达（NVIDIA）在韩国组织的 AI 会议，所有 NV 的渠道都会来参展。

4. 资深销售的圈子

无论何种圈子，都是由人组成和推动建立的。我们在招聘和寻找超级 Sales 的时候，除了考虑其个人具备的客户资源，还有一个重要的因素，就是在行业内的人脉圈子。人脉圈子除了客户，还有渠道、上游厂商、竞争对手、协会等圈子。对于相对比较封闭的圈子，以及要求苛刻的、专业性比较强的圈子，这种资深销售在圈子里的价值可能大于其个人在个别客户那里的关系价值。

比如，韩国的 HPC 圈子里主要是各个高校和研究机构，集成商也比较固定，评价标准大多是非价格因素而且相对很模糊。这个圈子相对较为封闭，故圈子内的资深人士对业务的价值就会很大。我们当时招聘过一个圈子内的资深销售，其能够快速获取大量项目信息，与行业内的系统集成商关系较好，也能够直接接触最终客户，而且能够整合业内的资源，如 IBM 存储、Cisco 交换机，因此，当年我们就中了几个很有影响力的标案。欧洲 HPC 也是这个特点，如果我们进入不了，就只能拼价格撞运气。

第五章　海外业务管理

海外业务管理除了第三章和第四章介绍的客户和渠道，还有项目管理，以及与业务紧密相关的后台主动营销和业务流程问题，这是本章的主要内容，是从后台视角看海外业务管理。

本章包括五部分内容，第一部分梳理了海外业务管理的框架内容，所有业务管理必须源于客户，销售渠道是模式和通路，项目是实现销售的载体，这就是业务管理的模型，也是一个基本的思考框架，业务管理以客户为中心。第二部分论述了海外业务管理的原则，核心是化繁就简，分层管理，各有侧重，并讲述了这些原则在业务规划、重点工作和业务会议中的具体实践。第三部分对于项目管理中的项目复盘进行单独介绍，项目管理包括三个基本动作，即项目分析、项目复盘和支持拉通，其中项目复盘直接影响了项目运作和管理水平的提升，重在从经验中学习。第四部分论述了主动营销问题，提出产品营销策划与区域营销策划必须实现贯通，后台主动营销主要围绕三个方面的工作展开，即完善弹药、营销战役、展会＋邀请参观。第五部分论述了业务流程问题，业务流程与业务管理紧密相关，所以放在业务管理部分来讲。我们要建立流程性组织，但是要避免流程演化成官僚主义。

一、海外业务管理体系设计

Review 的意思是回顾、评审、检查、反思等，中文翻译成复盘，核心是事后对过程、结果的回顾，属于 PDCA（Plan 计划、Do 执行、Check 检查、Act 处理的缩写）循环的检查环节，是业务管理的主要手段。通过各种 Review，可及时了解业务进展、纠正业务方向、提供业务指导、给予业务支持。

业务管理的问题

彼得·德鲁克（Peter F. Drucker）在《卓有成效的管理者》中提到，一个人人都随时开会的组织，必是一个谁都不能做事的组织。一位管理者花费在会议上的时间如果过多，比如占到 1/4 以上，便是组织不健全的表现。我们开了很多的业务会议，让公司能够及时掌握业务进展信息，为业务发展提供指导和支持，但是有时业务会议效果却达不到预期，这主要是因为存在如下问题：

（1）内容繁杂。一个业务会议涉及的内容包括多个方面，PPT 就有上百页，匆匆汇报完需要一个多小时，再用一个多小时讨论。业务会议上，好像大家七嘴八舌的都说了，又好像什么都没说。由于人员众多，大家说的相对比较表面，而且由于内容太多，领导的指示也很多，对后续的工作改进帮助反而并不明显，往往会出现这次发现了什么问题下次还是那些问题的情况。

（2）落入细节。追求细节代表着精益求精的态度。我们在工作中必须追求细节的落实，但是我们也不能求全责备，以细为荣。领导抓得太细，指挥得太多，下属就不知道做什么，久而久之形成依赖心理，没有指示就不敢乱动，而且如果对一个细节讨论时间过长，就会偏离主线。

（3）形式主义。有些业务会议由于权责关系不清，没有直接管理关系，职能部门为了完成职能组织会议，前端部门为了应付而参加会议，大家说一些不痛不痒的话，业务会议就变成了形式会议。

（4）偏离事实。汇报人利用很多时间在描述一个事情，发生了只是表示做了工作，汇报是为了表明没有闲着。汇报中有太多主观的分析和判断，没有过程回顾和数据分析，然后就是领导对相关部门的训斥和盲目的改进。此外，有些会议资料还会过度包装成绩，不展现或不了解真实的内容，会上讲的跟会下讲的不一样。如此一来，会议越多，离真相越远，更没有人愿意去说实话。

（5）参会人太多。大会适合传达，小会适合决策，相关的人适合讨论，不相关的只会议论。有些业务会议有几十人参加，绝大多数都是听听而已，不用发言，也不用集中注意力。如果会议涉及的面太广，主题不明确，很可能开了会但没结果，只是浪费时间。

业务管理的原则

针对以上问题，业务管理应该明确一定的原则，包括：

（1）一个主题。要么是客户，要么是项目，要么是渠道，要么是围绕一个问题，只需紧密相关的人参加，议题不要混杂在一起。少即是多，越简单越能抓住根本。比如一个会议就只研究一个客户的挂图，复盘一个项目，研究一个打法。

（2）分层复盘。"国代"、分管领导、总经理复盘的内容要分开，避免从上到下看的内容都一样。不同层级的会议参会人不同，决策影响面也不同。比如总经理要看各个国家的布局情况、业务模式和开拓路径，考虑需要什么资源来支持海外业务的快速发展；分管领导要看队伍建设、战略客户、重大项目、突出的问题和跨部门协调问题；"国代"则需要对每个客户、每个项目、每个渠道都了如指掌。

（3）责权发起。责权就是归谁管并有权管。支持部门基于其责权发起支持相关的会议，"国代"基于其业务管理责权发起客户和项目管理会议，销售管理或助理协助分管领导或总经理发起更高层级业务会议。

每个会议要有明确的负责人或决策人，其决定和工作部署要能够贯彻执行。

（4）一个小时。我在日本待了几年，感受特别深的就是很多在日本的会议会提前预约，一个小时准时结束。因为时间紧迫，准备的资料就要更精练，所以会议的效率很高，大多都能达到目标，如果达不到，就再预约下个一小时会议。

（5）基于事实。会议不听抱怨，也不允许抱怨，需要客观描述过程，而且要经得起验证的过程，不能主观删减或歪曲。不允许讲故事，东扯西扯，要明确一项工作的目标、过程和结果达成情况。不要包装成绩，需要提供第三方数据和对比数据。

业务管理模型

业务管理的内容简单讲就是围绕客户，因为客户是企业生存的根本理由。如果客户数量众多而且规模各异，就需要将客户分为指名客户和非指名客户。

指名客户理论上由客户经理主导，可能是直销，也可能是与代理合作，甚至是代理主导也没有关系。这种客户之所以指名，是因为其体量大，市场意义重大，而不是根据其销售方式。非指名客户一般体量较小，理论上应该留给大量的渠道去覆盖，但是实际上有些客户经理做的是非指名客户的工作，或者与渠道合作去开拓非指名客户。销售是基于关系和效果开展的活动，指名和非指名是公司的设计，并不是实际情况，所以存在出入。

指名客户和非指名客户都产生项目，项目是实现销售的载体，没有项目就不会有销售收入。项目一般按照规模划分为中小项目、大项目和超大项目，理论上大项目应该大多来自指名客户。但是往往渠道也提供了很多非指名客户的大中型项目，有些是一次性机会项目。

这就可以总结出业务管理的内容：指名客户管理、大项目管理、渠道管理，此外还有一个关注结果的运营管理。业务会议也就围绕这些管理展开，如指名客户会议、大项目会议、渠道业务会议（图 5-1）。下面主要介绍指名客户管理和大项目管理。

		销售模式		
		厂商直销	厂商+TOP渠道	分销+二级代理
客户规模	指名客户	指名客户管理 大项目管理	指名客户管理 大项目管理	
	非指名客户		大项目管理	渠道管理

图 5-1　业务管理模型图

指名客户管理

指名客户管理从制定指名客户规则、筛选确定指名客户开始。我们设想的是指哪打哪，但是实际很难：一个是指的不一定符合实际，另一个是指的人可能没有权威。

先说可能无效的指名客户管理方法，也是我感觉有效性较低的管理方式。

第一个方式是确定全年的重点工作计划，即针对某个客户几月份做什么达成什么目标。我感觉这基本靠估计和猜测，尤其是这种重点工作计划还变成了考核的一部分，只能编得模棱两可。阶段性检查的时候汇报得模棱两可，最终是否完成则稀里糊涂。

第二个方式是客户工作进展和项目管理会议混在一起，无论模板怎么设计（比如会议要求必须汇报客户工作持续的进展），但是汇报的时候客户工作往往避实就虚，陷入了对项目和具体工作的无休止的抱怨中。

第三个方式是后台职能部门牵头和管理客户挂图，这个在"如何进行有效的客户挂图作战"中已经有讨论，形式大于效果。

第四个方式是中间的时间间隔太长。比如每月看一次客户进展，上个月说了什么其实已经忘记了；如果每个季度甚至半年才看一次，基本上每次都是新想法了。

在确定指名客户后，我们要对客户工作进展进行阶段性复盘。这个阶段分为周、月度和季度三个层次，"国代"是指名客户管理的主要责任人。

第一个层次即"国代"每周复盘销售客户工作进展。不用每周都去更新客户信息表，可以通过每周的客户拜访记录体现。即使谈到项目，也是该客户的项目，完全围绕客户的需求展开。之所以每周而不是每月，是为了倒逼销售人员改变项目工作思维，及时协调资源，给予一线业务指导或建议。分管领导也可以不定期与"国代"沟通信息，了解重点（战略和TOP）客户工作进展。

第二个层次即销售月度滚动制定客户工作计划（我倾向于用Excel表格）。月度计划由销售制定，分管领导和"国代"一起开会讨论。该计划仅用于月度复盘客户工作进展，调整工作方向，甚至重新审视指名客户的有效性，而不作为任何考核的依据。这样才能做到客观，如果选错了就及时调整。

第三个层次即"国代"安排销售每个季度更新客户挂图资料。销售单位将挂图作为阶段性总结和客户档案留存，如有必要，销售单位安排向分管领导作专项汇报，比如新客户、战略客户调整、战略客户突破方向研讨等。

大项目管理

项目管理一定是一个平时随时发生的动作，可以阶段性去总结、分享经验教训，但是不能阶段性去管理项目。这主要是因为项目具有时效性，项目管理构成了日常的销售动作和管理内容。

如果月度去汇报或管理项目，则零零散散的一大堆信息，对每个项目如何操作没有任何价值，往往只会出现一堆抱怨，对于项目运作以后的改进基本上作用不大。因为没有过程，谁也无法确认中间出现了什么问题。

项目管理有几个动作：项目分析、项目复盘、支持拉通。要想保证会议有效执行，确认由谁发起很重要，也就是应坚持责权发起的原则，谁能决策则由谁（安排）发起。会议还要坚持需求和价值导向，如果没有需求和价值就硬要安排，很容易陷入形式主义的怪圈。

1. 项目分析

项目分析主要涉及项目运作过程中的决策点，包括项目立项分析、项目投标分析。这两个分析会议的发起部门最好是一线销售部门，因为这是一线销售决策和呼唤资源的动作。

对于复杂的长周期项目，比如工程类项目，项目需要立项，召开项目立项会议，成立项目组，然后定期召开项目会议，按照项目进度推进项目工作，并管理项目运作中的风险点。但是对于一般产品销售，其周期没有那么长，而且项目数量很多，这种项目立项就没有价值，很容易流于形式。对于需要一些资源预投入或者提前做工作的复杂项目，可以召开项目立项分析会，有针对性地协调拉通资源，明确相关人员的责任，提前准备一些工作。项目立项需要基于需求灵活发起，是否需要，由前端判断和发起，如果前端没有需求，那就没有必要硬要让后端部门组织安排，为立项而立项。

项目投标分析会理论上也应该是由前端发起，但是由于怕丢标后承担责任，如果这样安排，可能就没有人或很少人发起，所以上级要主动发起。

2. 项目复盘

关于项目复盘，在此建议直接由上级发起复盘，这样才更容易深入，此处不再赘述。

3. 支持拉通

支持拉通是后端支持部门主动发起的，每周将与项目相关的支持部门拉通，通过简短的会议，识别出需要解决的项目问题。如果相关部门解决不了，就上升到更高级别的领导，或者召开专门的会议进行讨论。这个会议最好是由负责召集的后台部门主持，由技术负责人主持解决技术问题，由商务负责人主持解决商务问题，而不能变成前端对后端相关部门工作的检查。

在流程规范的基础上，后端支持拉通要更多发挥主动协同的力量。如果凡事都需要汇报到领导那里，必须依靠领导的命令才能处理，长期而言将适得其反。有专家说凡是多业务协同做得好的，都是高度去中心化的企业，协同方式是由不同的业务负责人相互进行协调，这样做的效果最好。相形之下，发号施令式、高度中心化的直线式指挥对跨业务协作基本上是无效的或低效的。

所谓的加强项目管理，从动作上就是项目分析基础上的指导和决策，项目复盘基础上的改进和复制，而支持拉通属于项目支持的范畴。

其他业务管理

在"渠道体系设计的核心是什么"中，已经论述了渠道体系的六大核心设计，管理工作也是围绕这六大核心周期性地展开和复盘，以达到渠道政策的稳定性和灵活性。有的管理要以年度为周期去总结，比如招募和退出规则、年度激励政策、渠道保护政策，还有渠道压货政策；有的管理要按照季度或月度去总结，比如季度激励政策和实施情况、滚动的培训认证工作、市场推广、销售工具的完善等。

运营管理专注于数据的统计和呈现，由销售管理部或运营部门主持月度运营分析会，基于数据分析偏差提出改进的方向。这些改进一般要解决原则性的问题，或者需要加强或改善的管理问题，比如商机水库（即商业机会总量）分析、商机成功率、客户签单回款、新客户突破统计、新渠道签约、渠道突破统计等。

二、海外业务管理的虚虚实实

化繁就简能力的培养是一个人是否能够具有大局观和战略思维的前

提，也是一个人工作能力的表现。如果凡事复杂化，面面俱到，陷于琐事不可自拔，则不可能看得更高，也不可能具有更大的视野。一个组织如果没有化繁就简的能力，会议如海、流程繁琐、管理复杂，就会制约组织的管理能力，组织就不可能发展壮大，官僚主义就会盛行，组织效率也会降低。

业务管理的虚实原则

实现化繁为简的原则有以下几个：第一个原则是要抓核心矛盾和主要问题，不要"胡子眉毛一起抓"。如果凡事过问，事事指挥，对大事就不会有充分的精力，就没有时间去研讨方向，组织就越来越没有统一的思想。第二个原则是强化规则和流程，适当授权，减少人为审批和特殊汇报，该哪一层级负责就由哪一层级负责，责任部门都可以发挥作用，否则只能是有责无担。同时定期审核简化流程，不要为流程而流程，更不能因组织而设流程。第三个原则是虚实结合、分层管理、各有侧重。比如思想和思路是相对务虚的，具体工作和项目是相对务实的。

本部分主要讨论业务管理的虚实问题，还是以海外业务为立足点，扩大到整个公司不一定适用。以下是业务管理的两条虚实原则。

第一，虚实区分，该虚要虚，该实要实。

所谓虚实区分，就是对什么事情必须务虚，什么事情必须要务实，要区分清楚。

公司在海外业务的定位问题、方向问题、选择问题、业务模式或销售模式问题，这些要务虚了讨论，要站在一定的高度，要有概括、总结和提炼。不能方向不清就讨论项目，项目又搞不清楚细节，这种业务管理只能在原地打转。我们曾经组织了一个销售模式的研讨，就很有成效。各个国家将自己最典型且成功的客户案例进行分享和提炼，不同国家确实有一定的差异，有的认为必须直接做客户关系，渠道的价值不大，有的认为我们必须与渠道一起上，各司其职，充分利用渠道的人脉关系。

客户需求、决策模式、商务招标模式、公司的匹配度、风险点、工作计划和里程碑，这些要务实，必须仔细讨论，不能一概而论，不能泛泛而谈，空谈市场，也不能陷于问题，纠结于问题的责任和解决，这样很难看清客户，也不是真正的以客户为中心。比如我们为了看清客户而制作的详细的客户挂图资料就是属于务实的业务管理内容。

第二，虚实分层，高层务虚，中层就实。

所谓虚实分层，是说管理层级，即哪个管理层级应该更多关注务虚的问题，哪个管理层级应该更多去解决务实的问题。这个内容在"海外业务管理体系设计"中的业务管理原则里面已经论述过。结论就是：不能无论哪个层级的会议，都是在谈论项目问题；更不能高层关注项目，中层在思考方向，或者根本没有人思考方向，打到哪里算哪里。

甚至务实的内容也要分层。比如战略客户、TOP客户、一般客户，应该分级挂图和分析，80%的业绩来源于5%的战略客户，公司级就把这5%战略客户管理清楚即可，其他完全交给海外业务部门或"国代"进行管理，尽量由责任部门决策，不鼓励越级或跃层上升和特殊审批。当跃层上升（或投诉）成为惯性时，责任部门就不会再发挥作用，也不会再有动力去解决问题。

对于渠道，同理，公司关注战略合作伙伴，尤其是与我们合作开拓战略和TOP客户的合作伙伴，类似我们在渠道类型里面说的SP1。这些渠道掌握了核心的客户资源，具备一定的支持和服务能力，属于能力型渠道，与通路型渠道不同。比如欧洲HPC行业的合作伙伴就属于战略合作伙伴，当然在韩国、独联体、土耳其、东南亚等注重关系的区域，也需要关系型的战略合作伙伴。而其他通路型的渠道属于培育性质，可以放给前端进行管理。

以上虚实原则总结起来，就是要分事和分人：有些事要务虚讨论和管理，比如思想，有些事要务实管理和监控，比如客户和项目；有些人要多关注务虚的议题，解决思想问题，比如公司领导；有些人要多关注务实的问题，解决日常问题，比如海外业务干部和"国代"。

具体业务管理实践

在实践中,围绕三个方面阐述虚实的应用原则:一是业务规划,二是重点工作,三是业务会议。

1. 业务规划

相对务虚的业务规划包括 SP,即 3 年或 5 年战略规划。这个规划更多的是要研究市场,确定方向,研究策略和模式,并大概确定 3～5 年的发展目标,不用涉及具体的客户或项目。而 BP 的规划会有些务虚的部分,主要是针对具体行业或客户的销售模式、打法和切入方式,其他都是比较务实的内容,其包括客户列表、客户工作计划、重点项目保障、资源需求等。

基于规划,会有年度的 KPI(Key Performance Indicator,关键绩效指标),包括财务和非财务指标。其中,非财务指标可以是平衡记分卡的客户、内部运营、学习成长,也可以是一些关键过程指标,这些基本上是对目标的落实,也是务实的内容,比如新客户拓展数量、规模客户达成数量、渠道激活率、规模产单渠道数量、流程规范执行质量、培训认证通过率、人均产能、核心员工离职率等。

2. 重点工作

重点工作是支撑 KPI 达成所需完成的工作,其是日常工作计划的基础,也可作为月度复盘的检查点,有利于总结工作,发现异常。重点工作也分为虚实两部分,需要进行分层管理,切勿混为一体。

相对虚的工作是公司层面的重点工作,就是支撑公司战略目标甚至影响业务成败的工作。这些工作需要公司高层高屋建瓴地主导讨论和复盘,比如核心产品研发、技术方向、团队建设、流程规范、人均能效、竞争研究、投资决策、安全合规等。这些都属于战略性和根基性工作,也就是公司在一定时间内需要集中精力办成的大事。

相对务实的工作是各个部门级别的重点工作，其可以直接分解到个人的重点工作中，在部门级别管理；需要部门定期向公司提供结果，反馈异常和改进措施。但是部门级的重点工作有两个要求：一是不能务虚，设定一些不着边际的工作目标；二是不能与KPI重复，要作为无法用业绩体现的过程补充，业绩能体现的，就不用再通过重点工作去分解了。

比如针对新的战略或TOP客户，由于无法用业绩体现，除了在KPI中设置新客户开拓数量目标外，在重点工作中可以设置一些阶段工作任务和里程碑，比如研讨会（Seminar）、测试（POC）、入围、参与提案（RFP）等，时间节点可以设置成季度，不能设置成月度。而对于一些老客户，几月发标书，是否需要测试，这些都已经成为惯例和常规性工作了，而且有业绩的牵引，我建议就没有必要再设置成重点工作任务进行考核了，可以让前端自行在客户信息表或客户挂图里面进行管理。

3. 业务会议

业务会议类型包括业务研讨会、客户挂图会、项目分析会等。会议是业务管理的最直接体现，也是业务管理是否有效的体现。

按照虚实原则，业务研讨会要讨论相对务虚的问题，应由高层领导参与，当然实际业务出身的人也应该参与。会议要基于实际讨论务虚问题，不能天马行空，也不能仅仅依据经验和个人判断。海外要能够定期地选择专题进行业务分析讨论。这个讨论是公司业务和管理改进的方向，是为员工统一思想和明确思路。我们曾经组织过业务讨论会，海外负责人、"国代"和后台干部均参加，起到了一定的成效。大家就遇到的问题进行了充分的碰撞，面对面地分享了经验。但会议也存在一些不足，比如提前没有明确议题，太散，最后也没有明确的结论；与团建结合在一起，大家的心思并没有在业务讨论上，很多人不愿意发言；人员构成和结构比较复杂，外来人员和老员工很难融合，部分讨论浮于表面；次数太少，一年仅开一次，甚至后来就再没有开展过，大家对这种研讨方式还是不大习惯。

客户挂图会和项目分析会是相对务实的会议。除了个别战略客户和公司级项目外，其应该更多由中层管理者负责。负责人必须是有充分授权的，且对前端业务有直接管理权限，比如"国代"或海外分管总。"国代"或海外分管总必须是业务出身，身经百战，有着丰富的客户和项目运作经验，能够给出明确可行的指导和建议。

虚实的本质是赋能

所谓赋能，核心是授权，放松控制，去中心化决策。但是赋能实际上很难执行和落实：一是组织方面的原因。我们的组织传统上是自上而下金字塔式的集权管理组织，与网状的去中心化组织相去甚远。二是人的原因，很少有人愿意主动放权，而且似乎放权就乱，就像放羊。这两个问题解决不了，则不可能实现赋能。

斯坦利·麦克里斯特尔（Stanley McChrystal）在《赋能》中给出了他的方案。他是美军伊拉克战争特遣部队的指挥官，他需要解决的是如何把一个患有深井病的组织慢慢地转化成一个富有韧性的网状组织，以应对基地组织的灵活性。在组织方面，他所总结的核心就是要打造团队的互信和信息共享。

但是军队与企业毕竟有组织属性之别，比如军队有特有的规则（纪律），也有长期形成的文化（荣誉感和爱国精神），而企业里面往往缺少了这两个东西。所以针对企业而言，其解决方案必须加上规则和文化两个要素。

无论总结多少要素，基础还是人的理念，包括高层管理者的理念和被管理者的理念。高层管理者要认识到目前的时代是乌卡时代（VUCA，整个世界变得更加易变，不确定、错综复杂和模糊），已经不适合集权式的控制管理，被管理者同样也需要具备基本的知识和视野。

赋能一定是自上而下才能推行的一种组织重构理念，其能否成功，在于人的理念能否转变，能否在此基础上建立组织规则（组织有清晰的规则和流程，并通过系统固化），能否实现文化导向（绩效和能力导向并注重付出回报而形成的自驱型文化），而信息共享和组织互信手段是实现赋能的具体操作方式。

三、我们对项目进行有效复盘了吗

大多数企业缺少海外业务经验，不同国家的业务复杂多变，情况各异，我们不能一直摸着石头过河，而是要快速积累我们自己的经验方法，不断总结复盘，向过去学习，即大卫·库伯（David Kolb）提出的"经验学习"。

我们人类学习的途径和方式有很多种。其中从来源上区分，包括从自己的过往经验中学习和向他人学习，而从自己的过往经验中学习的一个有效方法就是复盘，当然是客观的复盘，不能以偏概全，也不能主观武断，更不能盲目自信。向他人学习，除了看书、学习标杆，也有个方法，就是参与别人的复盘，或者叫经验分享。

复盘的原则

"复盘"原是围棋术语，本意是对弈者下完一盘棋之后，重新在棋盘上把对弈过程摆一遍，看看哪些地方下得好，哪些下得不好，哪些地方可以有不同甚至是更好的下法等。这个把对弈过程还原并且进行研讨、分析的过程，就是复盘。基于此，复盘要抓住以下几个原则：

（1）真实还原过程（回顾过程）：按照时间顺序，将重要节点进行梳理还原，不能主观筛选信息，也不能主观曲解，需要客观的还原过程。

（2）找到真实原因（分析原因）：基于时间计划，对照目标和差距，找到真实的原因，不能避重就轻，也不能只谈成绩。

（3）目的在于学习（提升改进）：从过去的经验中总结得失，提升能力和方法，不是为了追责或推卸责任。

另外，复盘不是总结，总结是对既往的梳理，虽然也有分析和提炼，但是重在回顾，所以我们年终的报告有总结和规划，这是两个部分。复盘聚焦在接下来如何提升，即以后遇到类似情况时怎么办才会更好，其以学习为导向。如果我们用大量的篇幅回顾过去，但对如何复制成功经验，如何避免失败教训，以及如何开展后续的工作等提得太少甚至不提及，则会陷入误区。

项目复盘的要素

一个典型的项目复盘涉及谁来复盘、谁来参加、复盘什么内容、复盘后的跟踪等几个方面。

1. 谁来复盘

我做"国代"的时候经常做项目复盘，由于我直接参与项目，我的复盘会很深入，且对运作过程中的不足、销售的得失也会剖析得很透彻。当我做后台管理人员的时候，我在项目中参与得不够深入，仅以职能管理的身份组织过一些复盘，效果就不太好。这其中的原因既有项目信息不全，也有销售的不重视。

谁来复盘，原则就是直接由上级复盘：可以是"国代"，也可以是公司分管海外业务的领导，但是必须有直接的管理关系。

2. 谁来参加

从原则上讲，一个项目所有涉及的环节都需要参加复盘，包括销售、售前、商务（助理）、报价、产品经理、产品运营（物料计划）、交付评审、服务，等等。当然，如果是"国代"组织复盘，更多只能组织前端岗位参会，比如销售、售前、商务等，很难有效组织后台那么多职能部门参会。"国代"的复盘主要聚焦在销售端的分析。如果是公司分管领导参与的复盘，就需要后台相关部门参加。销售管理部要能够识别和组织相关部门人员，而且参加人员要提前准备资料，不要只是销售在说，其他人只是听听，这样的复盘是不全面的。

3. 复盘什么内容

典型的项目复盘内容包括项目背景信息（项目简介、规模、时间、结果、招标类型、评标标准）、开标情况（参与厂商、对应代理商、报价、各项标准得分、总体排名）、原因分析（产品技术、商务、交付等）、可复制的经验和改进措施。这些差不多就是销售端的项目复盘内容，也可以让后台部门增加单独的产品技术总结、服务总结、交付总结等。但是无论总结多少，基本的思路就是结果是什么、原因是什么、需要改进什么。

按照这个模板复盘，我发现也有很大的问题，即对于原因分析，大家都有各自的理解。可能出现这样的情况：汇报的项目信息失真，大家对项目过程也各执一词。这其中的原因可能是大家忘掉了复盘的一个核心原则："真实还原过程"。整个模板里面没有按照时间线进行描述，没有依据发生的事实复盘，于是就变成了各说各话。

4. 复盘后的跟踪

复盘后一般要制定一些后续的改进措施，有些会落实到工作计划中，而有些只是一些改进的方向。我做"国代"进行复盘时，一般会结合下一步的销售工作安排，落实到销售的月度或周工作计划中。而我身处后台职能部门进行复盘时，会给出一些建议，但这些建议大多不了了之，执行到位的很少。我参与公司领导牵头的复盘时，领导的安排会形成纪要，由运营管理部去落实跟踪，往往针对关键的1~2点核心内容会有一个落实的结果，当然也不排除会出现敷衍了事的情况。

两个项目复盘案例

某客户项目丢标复盘，销售主导复盘，开标结果是我们价格排名第三（这个排名无从考证），交付无法满足客户期望。其将原因归结为后台报价策略和交付评审问题，销售端没有什么问题，由此，复盘变成了责任推卸大会。项目运作半年多，由于没有描述过程，很多事情无法说清，而且后台参与项目的部分负责人没有参加复盘会。

复盘会议后，后台部门翻看历史邮件才发现，部分影响价格的紧缺物料从市场抓货（高于正常采购价格），是"国代"确认买进的，以市场抓货价格报价也是"国代"确认的，而复盘时对此信息并没有提及或呈现。至于交付无法满足客户期望，投标前交付评审反馈交付周期之后，销售端并没有提出任何异议。而按照同样的报价逻辑，上个季度的项目经过几轮讨价还价是中标的，而该项目一轮报价结束直接丢标，无任何客户信息反馈。

这是一个完全不以既往过程为原则的复盘，虽然是个案，但是我认为这反映了复盘的一个现状，即复盘变成了推卸责任和讲故事，不以事实为依据，完全抛却了复盘的本质。

某客户项目复盘是一个成功的案例：该项目复盘详细回顾了与客户的交互过程，有时间，有事件，有结果，有责任人，有成功的经验，也描述了存在的问题。其中成功的经验包括上游厂商站台，联合进行技术交流；说服客户小批量试单；到货之后的软件定制开发满足了客户的期望；大标案的参数引导和优势部件选用；代理商的关系运作掌握了充分的竞争信息；垫资方的寻找解决了关税问题和账期问题；提前的物料评估和追加；项目组的成立和每周项目组例会。整个项目运作得很成功，涉及各个方面都得以妥善解决，最后规模性中标，成为标杆案例。

项目复盘的"坑"

1. 复盘是为了推卸责任

复盘的根本目的是学习，不是追究或推卸责任。如果是成功的项目复盘还好，无论复盘的质量如何，一般不会有太大的冲突和问题。但是失败的项目复盘，特别是领导参加的复盘，销售人员往往谨小慎微，不愿意暴露太多的项目问题。尤其是涉及销售端失误的问题，往往复盘的信息会避重就轻，对原因的分析也模棱两可，甚至有些不负责任的销售会把项目丢标的责任推给后台。比如价格原因丢标，除非是公示价格的项目，大多项目的价格高低无从考证，这些信息真假难辨。

2. 复盘变成了批斗会

复盘要有一个坦诚的氛围，大家实事求是，目的是分析原因，寻求改进，不是为了批斗。复盘必须描述客观过程，最好贴出证据（当时的邮件）。否则大家各执一词，为了不承担责任，就变成了互相批斗。如果领导抓住一点不放，训斥责任部门或个人，甚至让其写检讨，就变成了公司对责任部门和个人的批斗。当然复盘完该承担责任的部门或个人要按照公司规定承担责任，但是复盘的过程必须在一个相对宽容、宽松的环境中进行，否则下次复盘时，大家为了为自己开脱或不得罪人，就更没人讲实话了。

项目复盘的改进

为了避免以上项目复盘的问题，我提出了以下改进措施。

1. 后台部门预复盘

复盘的核心是实事求是，难点是实事发生的时间太久了，没人记得了。特别是涉及后台部门和若干支持项目，很少有人记得一个项目半年前发生的事情，突然复盘，更无法应对。我建议对于持续时间久的复杂项目，后台相关部门要预复盘，梳理项目发展的过程，找到事实根据，找到问题的根本原因。这样做不是为了与销售端对抗，而是为了避免在大多数公司里出现"销售为大"原则下的错判。（但复盘是销售在汇报，往往后台部门只能是被动应对和担责）。预复盘也不是为了撇清责任，实则是为了将复盘拉入正轨，避免出现"言者为大"的情况。

2. 第三方描述过程

按照时间线描述事件发生的过程，并提供邮件文档的证据，这是描述过程的方式。但是如果当事人进行处理，往往只会选择性地摘取过程，不会实事求是地还原。这个问题如何解决？我曾经想到一个方法：可以第三方的身份去收集所有的过程邮件，并梳理事情发生的脉络。经过实践验证，这个方法是有效的。比如交付出现了问题，我不会让交付的人复盘，也不会让销售的人复盘，而是让第三方人员（如销售管理部）去收集所有过程邮件，这时往往会发现很多不一样的过程信息。

3. 直接业务负责人复盘

复盘就像人生的反思，没有人愿意直击个人的痛点。所谓"往事不堪回首"，更何况这会涉及个人的职业和考核。局外人复盘往往会走马观花，不可能涉及根本，除非其有很强的洞察力，否则复盘一定不是客观的。所以，我建议复盘的组织者和责任者一定是深入参与到项目的直接上级领导。抓复盘，就是抓干部，对于海外业务而言，其实复盘就是抓"国代"。"国代"复盘销售，直线领导复盘"国代"。

四、如何解决后台主动营销落地的问题

主动营销（Initiative Marketing）是一种被应用在市场营销活动中的营销理念与操作方法。其理念基础是顾客并不知道自己的真正需求是什么，需要深入了解甚至引导。

有主动就有被动，那什么是被动营销？直观而言就是我们说的"好酒不怕巷子深"，或者是开个门店，被动等待顾客上门。无论是 ToB 还是 ToC，这种完全被动式的营销基本上很少了，除非是垄断性的产品。所以，现在企业的营销都是主动营销。

营销的工作范围

营销包括哪些工作？我们还是引用杰克·韦尔奇（Jack Welch）在《商业的本质》中提到的5P理论，即合适的产品（Product）、渠道（Place）、价格（Price）、市场推广方式（Promotional messaging）、营销团队（People）。营销是把产品销售给客户并实现利润，所以营销包括了销售。

营销工作包括具体的某个营销职能，比如产品、渠道、价格、推广、销售，而具体的项目管理、客户管理、渠道管理都属于销售业务管理的职能。销售业务管理职能的承担者不是后台的销售管理部门，而是销售负责人，销售管理部只负责制定规则和监督。

图5-2描述的营销工作范围只作为参考，是按照业务流程梳理的，不是按照职能梳理。其偏重于理论框架，而且包括了售后服务，属于广义的营销体系。

其中，机会的辨识：3C指Customers（客户）、Competitors（对手）、Company（自身）；STP指Segment（市场细分）、Target（目标市

机会的辨识

3C（机会的辨识）
- ✓ 客户需求
- ✓ 竞争对手
- ✓ 自身分析

STP（机会的辨识）
- ✓ 市场细分
- ✓ 目标市场选择
- ✓ 市场定位

FABE（机会的辨识）
- ✓ 价值特征
- ✓ 独特优势
- ✓ 需求和利益
- ✓ 证据和证言

机会的实现

5P（机会的实现）
- ✓ 产品策略
- ✓ 价格策略
- ✓ 销售通路/渠道
- ✓ 市场推广
- ✓ 销售团队

PCC（机会的实现）
- ✓ 项目管理
- ✓ 指名客户管理
- ✓ 渠道管理

机会的保留

CSR（机会的保留）
- ✓ 客户沟通（社区、圈子）
- ✓ 客户服务
- ✓ 客户调研

图5-2　营销工作范围

场）、Position（市场定位）；FABE 指 Features（价值特征）、Advantages（优势）、Benefits（利益）、Evidence（证据）。

机会的实现：5P 上面已做介绍；PCC 指 Projects（项目）、Customers（客户）、Channels（渠道）。

机会的保留：CSR 指 Communication（沟通）、Service（服务）、Research（调研）。

后台营销与销售的贯通

后台营销部门的工作与前端销售如何贯通呢？一个产品化的公司要围绕产品进行营销，产品部一定是火车头，后台的工作则是围绕产品进行营销策划。当然这是理论层面，实际上并没有那么强大的产品经理。通常意义上的产品经理主要还是定位于产品规划和上市，与销售相关的产品经理往往又陷入了具体的职能，比如审批特价或对接研发协调资源，以支持客户和项目。

还有一个问题：产品往往有各种型号，不同型号又都有产品经理。其实不同型号的产品很难采用不同的营销策略，其大多具有共同的属性。因此，产品营销策略往往就是产品部整体的策略，或不同产品线的整体策略，大多应由产品部总经理牵头负责。

国内市场不同省份的策略往往差异不大，不同行业的策略可能有差异，但是相对比较清晰，也容易规划。但是海外跟国内不一样，海外不同国家之间又存在差异。这就需要产品部制定专门针对海外的产品营销策划方案。针对海外的主推产品、主要目标行业、销售模式和通路策略、主要推广方式、重点要推进的营销战役，产品部及后台营销部门的资源围绕这些策略进行配置，各国也要围绕这些策略推进落实。可能具体针对各个国家的策略会出现差异，但正如我在"如何做好海外业务规划"里面提到的，应做到"总体有策略，各国能落地"。

各个国家负责人做的是区域营销策划，在"如何做好海外业务规划"里面已经论述过，可参考图 5-3。该图更多体现了后台产品营销部

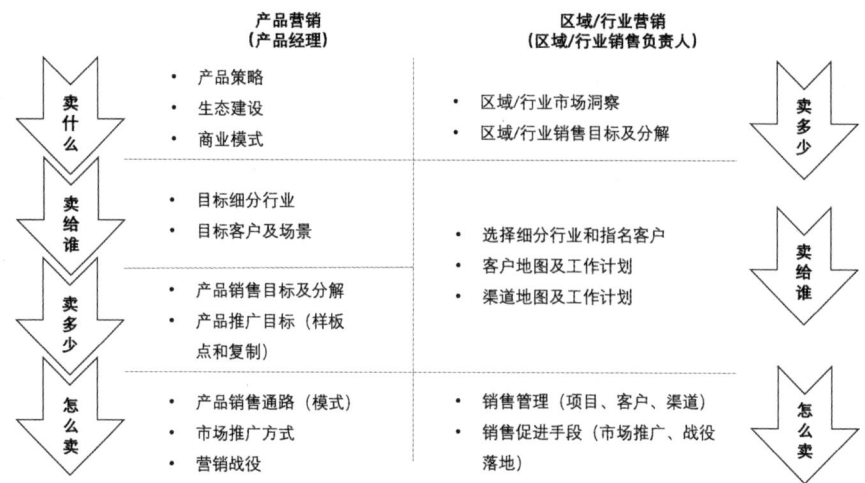

图 5-3 产品营销策划与区域营销策划关系图

门与前端区域销售部门是如何贯通的。

上面说的核心是产品部要制定海外产品营销策划方案，也列出了四个思考维度，即卖什么、卖给谁、卖多少、怎么卖，即图 5-4 产品营销策划，其中的 PEST 分析模型，即 Politics（政治）、Economy（经济）、Society（社会）、Technology（技术）。

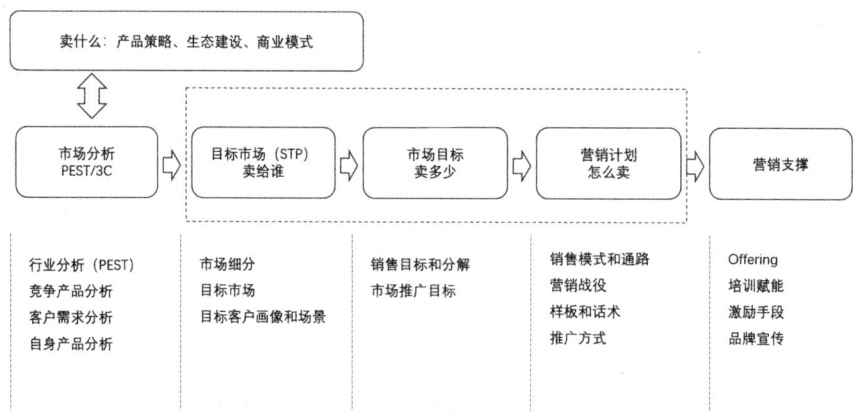

图 5-4 产品营销策划思维图

后台部门主动营销的重点

下面选择几个方面讲讲后台部门主动营销的重点工作，其他不再论述。

1. 完善弹药（产品策略）

完善弹药有两个层面，第一个层面是让所推产品更精准；第二个层面是提供更完善的产品营销资料和工具（Offering）。

产品更精准即找准产品定位，包括主推产品（型号）是什么、典型场景是什么、竞争优势是什么。这是从理论上讲的，实际要做好有一定的难度。第一个原因是主推产品与目标市场需求可能存在差异，与竞争对手也存在差异。如果主推清单不得不跟着市场的需求走，就会变成什么都卖，市场要什么就卖什么。这样一定会产生混乱，对资源的消耗很大，而且也难以形成规模；第二个原因是除了个别新型应用或特殊应用，很难整理出典型场景，因为硬件产品离应用太远；第三个原因是真正的竞争优势缺乏，尤其是缺少硬核级的技术优势。有些研发优势无法转换成销售语言，大多只是笼统的概念，比如可靠、安全、节能、易用。

除了对外的定位问题，对内还有规则问题，即要确定产品销售规则。这里面包括主推哪些产品；产品在什么阶段才允许开始销售；产品定制的要求是什么，要对定制需求进行筛选、评估和决策。规则定了，要能执行下去。

完善 Offering，就是完善产品基本的销售工具，按照时间保质保量地输出并发布在网站上。销售工具包括白皮书、报价工具、培训资料、演示 Demo、样板案例、测试报告、Firmware 版本、驱动程序等。

2. 营销战役

发动营销战役是主动营销的主要体现形式之一。营销战役的步骤包括机会识别、形成话术、培训赋能、各国试点推进、总结复盘，这些步骤不是固化的。机会识别可能是源于市场机会分析，国内更多是政策分析，而站在国内分析海外的市场机会其实很难，很多市场分析只是堆积数字，发现不了什么机会。第一步是机会识别。机会识别可能源于在某个领先市场的成功案例，比如在某个国家市场、在某个行业有了新的突破，在某个客户那里有了新的应用场景。第二步是要把这个案例总结出来，考察其是否代表了一种新的市场机会，是否是一种新型应用趋势或技术趋势；我们的产品方案具有什么特色，需要形成话术，包装出典型样板。第三步是要针对前端销售和售前培训赋能。第四步是在各个国家寻找同类的机会，推进本地的试点案例，并可以引导客户参观样板（实际操作有难度），对于复制成功的案例要给予特殊价格支持和奖励。第五步是总结复盘，即总结不能落地的原因是什么，并不断改进。

营销战役由谁来推动是一个问题。如果由产品部推动，最大的问题是可能指挥不动前端，从而使营销方案无法落地。所以可行的方式是产品部推出战役方案，提供资源，销售负责人直接监督执行。

3. 展会+邀请参观

海外推广的方式有很多，对ToB市场，我认为最有效的方式就是展会和邀请参观，这也是华为在海外推广的两大法宝。这两个推广的方式都有一个共同点，就是眼见为实，即在展会上看到真实的产品，到中国参观真实的公司。展会可以是第三方机构举办的、上游厂商举办的，甚至是由大型客户主导的。而且可以邀请客户参加其他国家的展会，这也是一种客户公关方式。展会的核心要点有两个：第一是必须匹配；第二是必须能够邀请或吸引客户到展台。邀请参观比较好理解，即可以是来总部看，也可以去样板客户处看，当然去样板客户的难度较大。如果客户能来，经过客户参观和双方几天的单独相处，双方成交的概率就可以提升到至少50%。所以总部的市场部将费用和资源主要用在展会，销售人员将市场费用主要放在邀请参观。

其他推广方式可以作为补充，如客户研讨会（Customer Day）。在没有足够品牌影响力的情况下，我们能邀请到的客户很有限，在中国都很难，何况跑到国外。即使客户研讨会勉强办起来，来的客户也是凑数居多。在 Facebook、LinkedIn 等新型媒体上发布公司的宣传信息可能管用，但是信息并不能解决信任问题，尤其是针对 ToB 业务。一般而言，社交媒体主要还是为了娱乐，粉丝营销对时尚消费品可能更为合适。

后台主动营销的问题

后台营销部门可能做了很多的主动营销工作，但是成效达不到预期甚至效果一般。那么，主动营销的难点有哪些？

1. 无法落地

后台营销部门的工作与前端销售无法联通，存在"你说你的，我干我的"的现象。即后台营销部门无销售指挥权，无论是什么策略，在前端均无法落地。而且在"客户导向""以客户需求为中心"等思想的指导下，业务管理会更加倾向于支持前端。后台营销部门基本上是围绕前端在被动运转，根本无法做到后台定策略指导前端，就不可能存在所谓的主动营销。

2. 药不对症

当然也有一种普遍情况，即主动营销的策略不符合市场情况，存在"闭门造车"和"药不对症"的现象。一些人不去实际调研市场，不去实际分析数据，仅仅为了报告好看。这种"药不对症"现象有时出现在实际做营销策略的工作人员身上，有时也会出现在高层管理者身上。

3. 负责人（Owner）缺位

从前到后的策略要落地执行，需要一个指挥中心、一个 Owner。Owner 一般来讲就是销售负责人，只有销售负责人有指挥权。做得好的销售单位一定与后台联通充分,能够理解后台运作模式,并能够使后台策略有效落地。

五、如何看待海外业务流程悖论

所谓流程,是借助信息工具和信息体系,将一件必须要完成的事情压缩为一系列清晰记录的步骤。这个定义的核心是流程信息化。

为什么叫流程悖论?一方面是因为我们在追求流程,希望通过流程实现业务运作的规范性,期望建立面向客户的流程性组织,可以说流程是拓展组织规模的基石;另一方面是因为我们又在批判流程,有时其较为冗长、低效,缺少灵活性。

埃里克·施密特(Eric Schmidt)等著的《重新定义公司》中说,集中管控和一贯性在一端,分散式的混乱在另一端,而企业就好像一个巨大的钟摆,在这两头左右摇摆。

流程的老师

IBM 擅长 IT 行业流程建设,并基于流程创造了大量工具,任何问题都有对应的流程和工具。此外,IBM 结合 Know-how(技术诀窍)业务知识,为客户进行业务咨询和规划,这就是 IBM 咨询服务。

华为学习并建立了系统化的流程。如下 BPA(Business Process Architecture)涵盖了公司运营的方方面面,包括前端业务、中间职能和后台支持的所有流程。这些流程支撑了华为的规模化、规范化、系统化发展,华为也由此成为中国 ICT 行业流程的老师。

Operating 是业务流程,是客户创造主要价值的流程。Operating 包括 IPD(Integrated Product Development,集成产品开发流程)、Market to Lead(市场到线索)、Lead to Cash(线索到回款)、Issue to Resolution(问题到解决)。

Enabling 是使能流程，响应业务流程的要求，支撑业务流程价值的实现，属于中间支撑职能。Enabling 包括 Develop Strategy to Execute（发展战略到执行）、Manage Capital Investment（资本投资管理）、Manage Client Relationships（客户关系管理）、Service Delivery（服务提供）、Supply（供应链）、Procurement（采购）、Manage Alliance and Partner Relationships（联盟和合作伙伴关系管理）。

Supporting 是后台支撑流程，支撑业务高效运转和低风险运作，如 HR、财务、IT 等。Supporting 包括 Manage HR（人力资源管理）、Manage Finance（财务管理）、Manage BT&IT（Business Transformation/Information Technology，业务转型和 IT 信息系统管理）、Manage Business Support（业务支持管理）。图 5-5 为华为 BPA 架构图。

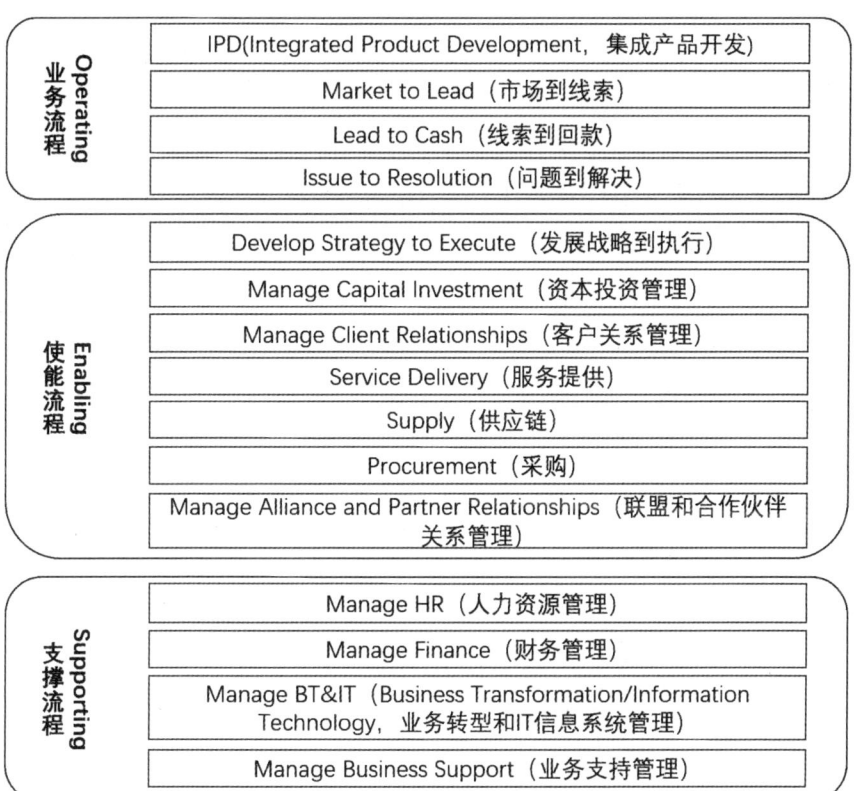

图 5-5 华为 BPA 架构图

LTC（Lead to Cash）流程，即从线索到回款的过程。LTC 流程涵盖销售项目从销售线索到回款的所有阶段，是从销售视角建立的"发现销售线索—将线索转化为销售订单 / 合同—订单 / 合同执行—完成回款"的端到端流程。

这个流程体现了三点：

第一是客户需求驱动，也就是流程是面向客户的：源于客户需求，最终拿到回款。如果将业务作为一条绳子，拉动一下这根绳子，不在这条绳子上的，或者使不上力气的，都跟业务无关，都应该被优化或缩减，这就是客户驱动的流程。应以客户价值创造为核心建立流程，而不是以管理和控制为目的来建立流程。

第二是横向拉通，即打破各个部门的壁垒，按照流程贯通各个部门，而不是依靠刷脸和人为协调。必要时成立跨部门的项目组，定期召开项目会议，目的是共享信息，促进流程的运转，解决流程运作中的问题，而不是代替流程。

第三是纵向集成必要职能，比如建立面向客户的"铁三角"，即客户经理、产品经理和交付经理，当然也可以是客户经理、技术支持、服务经理或交付经理。客户团队通过流程界定了各自的职责和人员配置，客户经理最终负责并具备人事调配权。

流程演化成官僚

流程本来就是为了提高效率。所谓流程性组织，就是业务作战组织，强调以客户为中心，也是为了避免随着公司规模变大，公司变成官僚的职能型组织（表 5-1）。

表 5-1　流程型组织与职能型组织对比表

特性	流程型	职能型
组织结构	• 扁平化 • 关注的焦点是流程	• 金字塔 • 关注的焦点是职能

（续表）

特性	流程型	职能型
运作机制	• 针对顾客的端到端管理 • 简单的流程 • 达到顾客满意、成本和效率全局优化	• 存在职能界限 • 缺乏有效的协调沟通机制 • 追求部门利益最大化，"屁股决定脑袋"
员工	• 按流程安排 • 综合性的技能 • 工作以小组为中心 • 关注顾客需求的满足	• 按职能安排 • 专业技能分工 • 工作以个人为中心 • 对顾客需求有限的关注
沟通	• 水平方向	• 垂直方向
文化	• 过程拥有主权 • 以顾客为焦点 • 为结果负责	• 官僚 • 前端和后面分隔 • 不承担责任

但是实际情况是，我们好像建立了一大堆流程和规范，但没能避免变成官僚化或者低效组织，这与流程型组织的初衷背道而驰。

1. 没有按照流程执行

为了做流程而做流程，或者只是某个岗位的人在做流程，发布了也没人看，更没人执行。前端人员和后端人员都没有按照流程去执行。这一方面是因为流程意识缺乏，另一方面也是因为缺少信息系统支撑，没有强约束。

有一个可行的理念是"写你所做"，很多人平时就是这么做的，写下来变成流程，总会更容易执行吧。但问题是我们每次所做也不一样，每次如何做时，每个人的理解也不一样，所以这个理念虽然成立，但执行起来仍然存在偏差。

比如特价申请流程，我们确定了申请特价时需要提供的项目信息，并要求发送邮件，但具体执行时往往会发现邮件写得很简单，很多项目信息没有太多价值。由于项目报价紧急，又不能不给予报价，这个流程执行起来就很困难。后来将特价申请改成线上之后，情况有了一定的改善，但还是存在线上填写的信息很简单的问题，我们让复杂项目继续按照原来邮件方式补充信息，也很难推行。

这是形式主义组织的惯病，甚至变成了一种文化，即规定是一回事，执行是另一回事，让人感觉执行不严肃，执行不到位，而且执行不执行好像问题也不大，不会有人为此承担责任和后果。一些组织一边在制定书面的各种规则，一边在随意打破各种规则。

2. 决策点没有决策

流程的其中一个作用是把控、把关，需要分层分级授权，各负其责。因此，流程中必须有决策点，要有权力否决。如果整个流程都是无条件通过，那流程就变成了形式。当然决策要基于客观的评审，而非个人喜好或主观判断：比如要有商机评审，要组织相关人员，就这个商机要不要做、如何引导客户定制需求等问题进行评审；就是否要投标、以什么策略投标等问题，要有投标分析会，要形成决议并贯彻执行。

比如样机借物流程，这个流程的审批就容易走形式。各个决策点为了不得罪人，都会无条件通过，最后导致样机投入失控，资源浪费。后来我们引入了额度的概念。每个国家基于任务都会有一个借物额度，规定超过额度不能继续借物，而是必须先归还，这起到了一定的作用，也有了决策的基准。

所以流程要有评审点和决策点，但关键是决策点要有权力去决策，而且要敢于决策和判断。当然决策了之后，相关人员要听。决策点失效的原因包括以下几个方面：一是决策点无决策权力，也可能有流程规范规定的权力，但可以绕过或推翻这个决策；二是决策人不愿意决策，这可能是因为其不愿意承担责任，或者不愿意得罪人。

3. 特例让流程形同虚设

流程要有管理体系支撑，包括决策层级、升级机制。该在哪个层级决策就应在哪个层级决策，这就是充分授权。当然由于业务的复杂性，对于特殊事项允许有特例，但是特例不能普遍化，事事都跳过下面的层级直接到上层决策，时间长了，下层就形同虚设，就不会再去决策，流程也就形同虚设了。

比如未量产机器销售流程，由于产品未量产，要控制销售范围。销售应主要针对个别战略客户，一是因为产品不成熟，二是因为产品会占用研发资源，一定程度又会影响了上市时间。按照道理销售部门要进行筛选决策，但是实际执行时，销售端很容易找到产品部或更高级别的领导进行特例支持。

控制特例的关键是上层。如果上层要推翻下层的决策，要基于充分的数据支撑，而不能是"会哭的孩子有奶吃"，谁跳得欢，谁获得的特例支持就多，久而久之，就会形成"劣币驱逐良币"效应，其他各层级不管也不说了，因为说了也没用。

4. 信息不对称

信息支撑平台对流程的有效运行很重要，但是很多 ERP 系统实现不了流程的有效传达，协同办公平台也仅仅能够起到辅助作用，只是即时信息的传达，不好回溯。信息的混乱、遗失都会造成信息的不对称，这样按照流程执行时就会效率低下。

这个时候就需要将信息按照时间线进行梳理。问题的关键是谁去做，前端等着，后台也不会主动去做，往往双方会互相抱怨。我的建议是必须前端驱动，具体来讲就是一线业务负责人或其授权的助理驱动。谁的业务谁驱动，谁的项目谁去管理，这是解决信息不对称的核心。关键责任人是一线业务负责人，如果一线管理缺位，那么后台怎么都无法发挥作用。

流程的钟摆

采取乱做一通的方式，不可能把业务做大，只能越做越乱，所以绝不能无视流程。但一味死板地执行流程也不行，会影响效率，甚至影响业务。

我们还是要再次理解流程的根本：建立流程是为了高效地应对业务需求。流程的制定需要基于以下几个原则。

1. 责任与授权

讨论责任与授权时，要接受一个前提：相信你所雇佣的员工会以业务为中心，会以业务的高效达成为目的，他们不会混日子。在这个前提下，需要明确各相关部门以及各管理层级的责任，完全授予他们权力，并支持他们权力的行使。这样才能形成扁平化的组织结构，形成以流程为核心的工作文化。

2. 系统与审计

流程要固化成组织的做事方式，还需要信息系统的支持。当然信息系统也只能起到辅助作用，如果没有了责任与授权，没有了判断和决策，信息系统也只是在系统上走形式而已。当然也不能存在所谓的官僚行为，卡着不放，要有流程审计和申诉机制，流程的执行和判断应基于充分的数据支撑。

3. 成熟与创新

一般认为成熟的业务最好遵循流程和规范，而创新性业务最好不要陷于流程之中——这个说法是对的，创新性业务要有灵活的流程支撑。要实现灵活的流程支撑，一个方式是就新业务单独成立一个部门，在组织边缘创新，使该部门不受组织流程和规范的约束；另一个方式就是由业务领导来判断是否对创新性业务给予更多特例决策的机会。但这其中的难点是什么业务归为新业务。如果针对老业务提出了新要求，这时算不算新业务？所以很多人会以领导为由要求进行特例处理，领导的"每单必争""必须赢""战略客户""战略市场"等字眼往往会让各层级的人员无所适从。

聚焦到海外业务，我们应该强调流程规范还是强调灵活性，这个要针对具体的工作来看。对于涉及后台支持的工作必须依据流程规范，否则一定会出现混乱，造成效率低下。当然不能套用国内的流程规范，要建立针对海外的流程规范。对于各个国家的业务模式和业务管理方式，要做到灵活处理，将权力授予一线负责人，减少后台的指挥。当然要选好一线负责人，如果一线负责人不行，再规范、再完善的流程也用处不大。

第六章 海外人力与组织保障

本章专门论述海外人力与组织问题,合适的人才是做成业务的前提,包括干部和员工。组织是人力发挥作用的保障,要坚持组织稳健和螺旋式变革原则。

本章包括五部分内容,第一部分论述了干部问题,主要是一线负责人即"国代"的核心作用,论述了"国代"如何选择与培养,如何评估与调整,如何授权与约束。第二部分论述了"空降兵"问题,"空降兵"有成功的例子,也有失败的例子,不能一概而论,要考虑发展阶段、岗位性质、时间等因素。第三部分论述了海外团队的问题,要建立海外人才"蓄水池"、内外四通道,有进有出,形成良性循环。为了形成"一池活水",本章提出了三个方案,即任期、推荐和盘点。第四部分论述了产品营销思维,即业务人员的思维问题。中国企业"出海"除了个别商业模式的成功,依然还是要依靠产品竞争力,我们要建立几个基本的产品营销思维,即基于产品、价格管理、以营带销、持续经营。第五部分论述了组织变革,我们首先需要明确两个原则,即哪些能变哪些不能变、谁来负责变革。基于这两个原则提出螺旋式变革模型,并给出了换血、输血、造血三种组织变革方法。

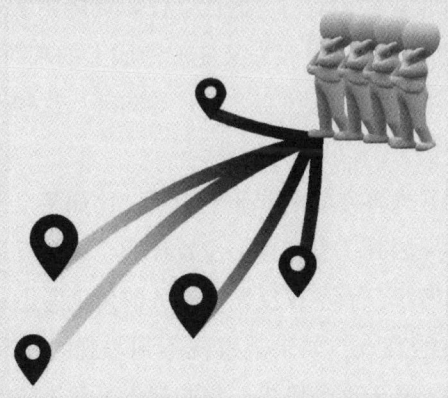

一、海外业务的核心是"国代"

对于"国代",我有几个基本的认识:第一个认识是,从短期来看,某个国家的业务能否做起来,关键并不在于总部的海外业务管理的负责人,而是"国代"。当然长期管理的规范性和发展潜力,还是需要有能力的总部管理者运筹帷幄。第二个认识是,某个本地团队能否建立和培养起来,核心并不是人力资源部,而是"国代",当然人力资源负责人(Human Resource Business Partner,HRBP)也重要,是重要的协助力量。第三个认识是,某个国家的业务能否与后台部门顺畅对接,核心并不是后台负责流程建设和资源协调的部门,而是"国代"。对于这个方面我深有体会,我负责过后台的流程建设和资源协调,无论流程怎么梳理,如果"国代"不重视也不执行,则会非常混乱。

当然也要辩证地看问题。我们说"国代"重要,并不是说后台管理者不重要,也不是说其他职能支持不重要,而是说"县官不如现管",我们首先应该选择并管理好"国代",这是基础。

"国代"的重要性再怎么强调都不为过。我认为"国代"应该有一个基本的任职资格要求,应该有一个基本的评估标准,以尽量避免选人用人上犯错,甚至是一错再错。

本部分不谈通常意义上的"国代"任职资格要求,这是人力资源管理的范畴。有很多模型,很容易又变成形而上的东西,比如沟通能力、问题解决能力、主动性、责任心、客户导向等。这些不是不对,而是太难以进行客观评估了。

本部分也抛开人事方面的非业务因素,比如某个人大家都觉得不称职,但因为各种原因其一直在这个位置任职,或者任用某个人是因为这方面或那方面的考虑,而不仅仅是从业务的角度考虑。

我有个基本的观点,如果某事找不到客观的标准,就依据事实分析,用数据说话。基于这个思想,我们就以下几个问题进行思考。

如何选择与培养

在一个公司里面,总有做得成功的销售单元。这个销售单元负责人的能力特点是什么,要基于事实依据进行分析,而且特点要容易识别和衡量,不能分析出来说就是因为其有责任心,当然也不能分析出来说不是个人原因,而是因为地盘好,运气好,难度小。应通过对成功案例的分析建立一个基本的模型,作为"国代"的选择标准。就像判例法,可以将先例作为进行法院判决的参考,先例适用于类似案件。

很多公司在努力建立这样一个模型:大概的框架包括了经验(同类或相关岗位干过多少年)、知识(具备哪些知识)、日常业务管理规范性、执行力、态度等,有些可以客观衡量,有些只能主观判定。

基于我自己做"国代"的经验总结,我建议这一模型包括以下六个方面。第一是业绩,这是核心,权重至少要占到50%。第二是产品知识,其中最基本的要求是卖什么的要懂什么,"国代"要懂产品。而实际情况是"国代"一般不参加培训,甚至要求学习考试的人员范围不包括"国代"。第三是业务流程知识,"国代"的一个核心职责是与总部进行协调对接,解决问题。业务是否顺畅的核心是"国代"是否明白公司的运作流程,不能瞎指挥。第四是基础的业务管理方法,公司的业务管理和报表再怎么完善,也需要"国代"有自己的管理思路和方法。管理思路和方法让候选人提供就行,要书面的,而不是口头讲,比如对指名客户怎么管理的,对项目日常怎么管理的,对价格是怎么管理的,对渠道是怎么管理的。第五是日常的团队管理和建设,比如人员招聘和保留情况、核心员工招聘和培养情况、日常人员管理工具和方法,这些可以统计提供;还有一些其他软性的东西,可以通过匿名调研,比如团队氛围。第六是执行力,这个很重要,一个执行力不好的"国代"一定不是个好"国代",如果平时有数据积累,也很容易统计。我的观点是不要仅仅评价能力和态度,要看结果和数据。

成为"国代",要先成为 Team Leader,这是内部培养的逻辑,也是我比较倾向的模式。如果是外部招聘人员直接来做"国代",那么肯定需要背调,但这基本上很难实现。

以上我所建议的模型包含了知识、工具和方法,这也是西方管理思想的一个特点。公司不看你的学历,也不看你的经验,到公司后你需要重新学习知识,公司针对各种管理和问题有各种各样的工具,你只要学习实践就行,这就是管理的标准化,而这与我们的经验管理有很大的区别。

如何评估与调整

无论怎么选择,都不可能完全符合标准,尤其是外部招聘,人员符合标准的概率更低。当然如果已经选择了,就需要通过评估去验证选择是否准确,要用数据说话。

我也建立了一个与选拔"国代"类似的模型,主要包括三个方面。

第一个方面是与业务结果相关的指标,占到50%~60%,最基础的数据就是任务达成率,包括回款、毛利和净利,当然存在任务不合理的情况;业务增长率;指名客户突破率,前提是指名客户必须清晰且持续,不能一年一变,比如业务开拓几年后要达到40%~50%的突破率,当然这个标准只是参考,因为海外业务需要不断拓展,分母肯定会不断变大或有个别的调整;战略或头部客户贡献率,战略客户可能贡献50%~80%的业绩,因此,是否抓好了战略客户是关键;渠道业务贡献率,渠道业务贡献要与战略客户贡献区分开,不能复算;连续三年产单渠道数量和比例,这个比例的分母是所有产单渠道,以考量业务的连续性;一定规模商机成功率和未来商机目标比,这一指标与项目有关。

第二个方面是与团队管理相关的指标,占比30%,比如人均产能,核算到回款就行;人均投入产出,投入包括了工资、奖金、费用,产出是回款;骨干员工三年累计离职率,所谓骨干员工,说的是贡献超过人均贡献的那部分人,而不是拿高薪没有产出的那部分人;顶尖员工培养数量，按照幂律规律，最顶尖员工是指产出达到平均产出 10 倍的员工，顶尖员工是指产出达到平均产出 4 倍的员工。

第三个方面是与日常运营相关的指标，占比 10%，包括计划预测准确性、业务规范性（基于流程规范要求）、执行力（按时落实工作要求）。

其实评估的模型较好建立，大家也容易接受用数据说话的思想，比如公司的月度运营评价就是具体体现。难点是调整：评估不合格的怎么办，如果评估一直靠后的、一直不合格的，还是维持原状，那还不如不评估。

如何授权与约束

当然，一个合格的"国代"要有充分的授权。所谓管理的标准化，是指要减少总部控制和后台审批。"国代"在发展业务时必须有充分的授权，不寻求全球一盘棋，而是允许其根据各国市场情况大胆尝试不同的业务模式，允许其有自己的发展思路。

比如，除了财务权和少量的人事任免权，华为将很多权力下放到了地区部，地区部在管理中起到了很好的承上启下的作用：承上是对接总部，启下是指导所管辖的国家。地区部总裁和国家代表的人选显得非常重要：这些人都必须是能独当一面的综合管理者（基本都是外派人员），他们的素质往往决定了所在区域或国家市场拓展的高度。

哪些授权给区域，哪些由总部统一指挥管理，每个企业都要根据业务特点和业务发展阶段进行灵活处理。财务预算、人事任免、大项目特价审批权力应归于总部，但是客户选择和拓展方式决策、客户拓展计划制定、渠道模式选择、渠道架构、中小项目价格决策、本地人员招聘和激励分配、部分本地货币签单评估、本地协议评审和合规检查、针对战略客户的本地下单、本地服务商评审和选择、本地费用审批和报销、本地财务管理等，最好逐渐下放到区域，后台部门制定规则和标准，提供工具和资源支撑。

授权有两个前提：第一是人必须称职，给不称职的人授权只能造成混乱；第二是授权需要配套约束，比如财务约束。财务约束包括滚动费用预算投入，即根据上个季度的产出控制下个季度的预算，这对于建立一线负责人的投入产出平衡意识很有成效。

最后再谈谈"国代"的国籍问题。举几个例子，HPE在大多数国家都有成熟的本地建制，负责人大多是本地人；索尼（Sony）在欧洲的大部分员工都是欧洲人，日本籍员工很少，且不一定担任主管岗位，而NEC在欧洲的负责人是日本人；三星（Samsung）在很多海外国家的主管都是韩国人；华为海外所有的国家主管几乎都是中国人，更准确地说是中方外派员工；超微（Supermicro）海外大多数国家的主管都来自台湾地区。所以不能以国籍而论，准确地说不能一概而论，要视阶段和管理方式而定：是做国际贸易的企业，还是真正的跨国或国际化企业；是集权管理模式，还是自由度较高的授权管理模式。

二、如何评估海外业务的"空降兵"

有选择就有争议，凡事如此；凡争议之事就无法分出对错，只因环境和立场不同，所以不能一概而论。比如如何看待"空降兵"，是选择自己培养，还是选择从外部"空降"，"外来的和尚会念经"还是外来的和尚不一定会念经，可能实际情况比较复杂，不能一概而论。但是工作中却经常发生一概而论的情况，这可以称为执着或偏执，一般而言，有些成功人士更容易相信"只有偏执狂才能成功"。

"空降兵"的不同实践

缺少国际化或全球化人才，在很多领导者心目中是一个不证自明的真理，所以很多企业会选择"空降兵"。不可否认，如果有合适的"空降兵"，短期而言会使效率大大提高。

比如 2022 年 3 月 12 日，海信原董事长周厚健宣布退休，由主管海信海外业务的副董事长林澜接任。这其中的一个重要考虑就是海信正在快速成长为"世界级企业"，需要一位具有国际视野的带头人。林澜还不算完全意义的"空降兵"，其在 2006 年海信收购科龙时任科龙副总裁，负责科龙的国际营销业务。林澜带领海信经过十几年的海外耕耘和开拓，于 2022 年实现海外收入 757 亿元，海外收入占到总营收的 41%。2023 年 2 月 14 日，海信集团公告，"50 后"的林澜辞任董事长，由"70 后"的贾少谦接任，顺利实现了新老交接。海信核心管理层跳过"60 后"，直接进入了"70 后"时代。

前谷歌全球副总裁、安卓产品管理副总裁雨果·巴拉（Hugo Barra）是小米的第一位外籍高管，他与雷军于 2012 年相识，一年后加入小米，负责小米国际业务拓展以及与谷歌安卓的战略合作，直到 2017 年辞任。在此期间，小米给了这位海外高管极大的自主权，包括进入哪些海外国家、执行什么销售策略，基本上由这位外籍高管决定。在他的带领下，小米大举进军印度、印尼、新加坡等国家。

也有"空降兵"不大成功的例子，这种例子外界一般不会报道。比如某企业从某知名外企招聘了一位原负责中国大陆地区 SMB 业务的中国台湾人，全面负责海外业务。该负责人基本上没有多少海外销售经验，也没有做过同类产品的销售运营。该负责人来到企业后高薪招聘了大批以前的同事，薪资是原来老员工的几倍，造成严重内卷。其之后推进国际化的布局和营销，当年公司出现巨幅亏损，不得不进行调整。公司也渐渐缩小该高管的负责范围，从全球到除美国的区域，又到只负责一个国家，4 年后，他被来自某通信公司的"空降兵"替代。新的"空降兵"又开始了新一轮循环，又招聘了一批人员，替代了几乎多半原有员工，包括当初开拓海外的功臣。该负责人待了 3 年后也最终离开。

与"空降兵"对应的方式就是公司自主培养，在这方面，华为比较有代表性。可能有人说华为的本地化率达到了 70%，但这指的是员工的比例。本部分说的"空降兵"指的不是员工，而是全球或当地的业务管理者。已经成为华为公司董事的高层管理者，例如徐文伟、余承东、阎力大等，都曾经负责过欧洲业务，华为当时的策略是把精兵强将派到海外。以阎力大为例，其1997年加入华为，历任光网络产品国际行销部部长、欧洲地区部副总裁、日本代表处代表、东亚地区部总裁、企业BG总裁等，现任华为投资控股有限公司董事、咨询委员会副主任。

"空降兵"的考虑因素

上面的例子中，什么情况都有。所以到底是"空降"还是自己培养，没有统一的答案，甚至延伸到是外派管理者还是本地招聘管理者，也没有统一的答案。总结起来，有三个重要因素需要考虑。

第一是发展阶段。比如，在早期，GE（通用公司）不得不雇用驻外美国人，这种安排对其在起步时期获得成功是至关重要的。后GE逐渐实行强制性手段大量减少美国驻外人员数量，雇用大量的本地员工来推动GE全球化发展，但是最高管理层依然还是美国人居多。招聘"空降兵"开拓疆土的可能性也是存在的，但是，人才可遇不可求，认准了就需要公司三顾茅庐，因为成功的精英不大可能轻易选择一个初创的不成熟的小平台，如果选择小平台，其面临的职业发展风险很大。另外，即使在某一个地方遇到并招聘了这种人，也不要抱着复制的心态。

第二是岗位性质。彼得·德鲁克（Peter F. Drucker）在《卓有成效的管理者》中的论述可以给人很大的启发，即我们增添新人，大部分是增添在已有成规可循的工作上。做一项新工作，本身就是一场赌博，倘若再另聘新人来做，就更是赌上加赌。当然，任何一个组织都必须时时注入新血液。如果任何职位都只是在原有名单中找人提升，这组织必将萎缩。问题是新人不宜用于风险最大之处，例如高层职位，或主持某一新工作的职位。即如果自己都不知道怎么做，希望找个人就帮助自己做成功了，那成功太容易了。我们很多企业大多都是在认为自己人不行的情况下招聘"空降兵",在自己人不知道怎么做的情况下招聘"空降兵",这样的做法是不切实际的,也必将徒劳无功。

第三是时间考虑。在"出海"时,无论是企业还是个人,都要避免过客心态。只有基于长期思维布局海外,尊重差异,融入本地,与客户或合作伙伴建立长期的合作关系,才能真正赢得海外市场。一个成功的海外市场,一定是有一批合作了多年的伙伴和客户,有一批坚持了多年的中坚销售力量。如果我们期望雇用某个人2~3年,开出高工资,让他带领团队做出佳绩,这基本是不可能的。这个人知道他只是一个过客。过客会好好经营客户,好好培养团队吗?未必!

"空降兵"的选择

企业在选择"空降兵"时,有两个重要的考量因素。这两个因素我称之为千古不变的用人之道,这些可以在中国的《论语》中找到描述,也可以从西方的管理经典中找到论据。

1. 要用正直的人

子曰:"举直错诸枉,则民服;举枉错诸直,则民不服",即"提拔正直的人,安置在邪曲的人之上,人民就服从;提拔邪曲的人,安置在正直的人之上,人民就不服从"。正直的人才可以让人信服,这是要用正直之人的原因所在。而怎么判断是正直的人呢?"夫仁者,己欲立而立人,己欲达而达人",即"至于仁,自己想成功,也让别人能成功;自己想通达,也让别人事事通达"。那些上来就想战胜(替代)别人的人,一定不是正直的人;那些看不得别人成功的人,不是正直的人;那些处处只想着自己(捞钱、升官发财)、不关注别人成败死活的人,也不是正直的人。

彼得·德鲁克(Peter F. Drucker)在《管理的实践》中说,在任命管理者的时候,必须很清楚诚实正直的品格是对管理者的绝对要求,是管理者原本就需具备的特质,不能期待他升上管理职位后才开始培养这种特质。正直的品格是一种天性，所以一开始就要选对。因为如果选错，就会带来巨大的负面影响，他认为，最终能证明管理层的真诚和认真的是毫不含糊地强调正直的品质，因为领导工作是通过品质才能贯彻实施的。一个人可能知之不多，绩效不佳，缺乏判断力和工作能力，然而，作为管理者，他不会损害企业的利益。但是，如果他缺乏正直的品质——无论他知识多么渊博，多么聪明，多么成功——他具有破坏的作用，会破坏企业中最有价值的资源——企业员工。他败坏组织精神，损害企业的绩效。

2. 要用知道的人

识别人很难，尤其是通过面试识别。无论是多么高层的领导，想通过1~2次面试就判断一个人，都是很难的。面试大多只是依靠一些感觉，而人的感觉很容易出现问题。我虽然是学人力资源管理出身的，也参与了很多面试，但是我依然认为通过各种面试技巧以及各种测试去判断一个候选人，准确率并不是很高。

曰："焉知贤才而举之？"子曰："举尔所知。尔所不知，人其舍诸？"即孔子的弟子问孔子怎么知道谁是贤才，孔子说要任用你所了解的人，你不了解的那些人，如果真是贤才，别人难道会把他们舍弃吗？

拉斯洛·博克（Laszlo Bock）在《重新定义团队——谷歌如何工作》中提到，谷歌成立初期及之后的多年时间里，他们最优秀的应聘者源自现有员工的推荐。曾经一度，他们聘用的人当中有超过半数是其他员工推荐的。这个道理就是说要用知道的人，即你知道的，或你的员工知道的。

知人善任是领导的艺术，也是难题。其实看错人、用错人在所难免，难的是知错就改。往往有些人为了面子不愿意认错，甚至会一错再错。拉姆·查兰（Ram Charan）在《领导梯队》中说，领导梯队建设的主要误区是：选错人才、让表现不佳者留在岗位上太久、不善于倾听反馈意见、不善于定义工作。

三、如何才能建立有效的海外人才蓄水池

"流水不腐",只有人力流动起来,一个组织才会有活力,当然这个流动不是说频繁入职和离职,是包括了优胜劣汰、轮岗、调岗、晋升等在内的良性流动。

如果用一个池子来形容,公司选派一部分人员开拓海外业务,这是池子既有的水,是底子。为了让池子里的水流动起来,需要继续开通两个管子向里面注水:一个管子是公司继续鼓励员工开拓海外业务,或者员工主动加入海外团队,前提是海外要比国内有更强的吸引力,尤其是待遇水平和职业发展前景,这叫内部输送管道;另一个管子是从当地招聘外籍或本地化员工,形成外派和本地相结合的团队模式,叫外部输送管道。同时,还要开通两个管子向外面出水:一个管子是外派员工的回流,即具有海外经验的员工锻炼几年后回到总部,获得更好的晋升机会,或者成为其他团队的骨干,这叫内部回流管道;另一个管子是优胜劣汰或自然离职,即外派或外部招聘的员工,由于业绩原因和个人原因,被动或主动离开公司,这叫外部优化管道。

以上所述是一个理想的海外人才蓄水池。根据业务的发展需求,可以把进水的管子开大,以增加海外人才容量;也可以保持进出平衡,维持业务规模。如果业务发展困难或需要调整,也可以把出水的管子开大,减少海外人才容量。这是一个动态的管理过程,所以叫"一池活水"。

一些问题

一方面,我们对现有的海外人员不甚满意,寄希望于从外部招聘到马上能用的人才,但是高薪聘请的人才往往实际上贡献不大;另一方面,我们也缺少鼓励公司其他部门人员选择海外事业的政策和规划。总结起来,公司经常出现如下问题。

（1）公司内部无人愿意选择去海外，即内部输送管道和内部回流管道出现问题。原因包括海外业务发展一般，看不到前景；以前去海外的员工大多被迫离开，或者回国内也没有好出路；公司没有明确的鼓励政策和规划，去多长时间可以回来不知道，甚至能不能回来也不知道。

（2）公司不断招聘人员，但人员不断离职，即外部输送管道出现问题。这可能是一个筛选优化的过程，但其成本很高且会带来负面影响。这种情况可能是因为招聘的时候就没有选择好人才，人员实际表现与招聘时面试官的判断出入太大；也有可能是业务规划和思路的问题，即招聘的人与公司的业务模式不匹配；还有可能是平台问题，即人员的成功是因为平台，离开了原来的平台，人员的成功就不存在了。

（3）无法实现优胜劣汰，即外部优化管道出现问题。特别是外部引进的人才实际上无法产生价值，他们拿着高薪，但没有实质的贡献或贡献很小。本地招聘的外籍人员，由于本地劳动法的限制，或者由于文化差异，即使其绩效差也无法进行优化。

海外人才任期

里德·霍夫曼（Reid Hoffman）等著的《联盟》中对"任期"有个说明，"任期"一词来源于军事中的"服役期"（Tour of Duty），任期计划指的是一项特定任务或安排。士兵们在军旅生涯中通常会有多个役期，正如员工会在某家公司和整个职业生涯中承担许多不同项目或任务一样。在一段长期关系中定期变换角色，正是任期制的本质。

除非正好要考虑移民某个国家，否则一般没有人愿意无期限地待在海外。尤其是很多公司还不支持携带家属，或者由于孩子上学等问题，夫妻双方只能长期两地分居，对家庭影响巨大。此外，现在的年轻人并不缺少出国的机会，愿意选择驻外的越来越少；如果公司强制驻外，他们可能会选择离职。

要解决以上问题，我建议用任期制的方式解决内部输送和内部回流的问题。公司可明确人员外派的时间，比如以3年为一个任期，3年之后可以选择继续外派或回到总部；对于选择回到总部的，可以选择去原部门，也可以去其他相关部门。公司可明确海外业务业绩出色的人员具有获得晋升的优先权。

对于"国代"级别的管理干部，也建议利用任期制，比如在一个国家的"国代"任期最长为3年，3年后其可以轮岗到其他国家继续做"国代"，也可以申请选择回到总部，担任相关管理岗位，任期最长也是3年，3年后可以考虑再将其派驻一线。在国家之间的轮岗，一般是业务做得好的"国代"去同等规模或更大的国家轮岗，期望发挥"国代"的经验，承担更大的责任，不能派业务做得差的"国代"去业务做得好的国家轮岗。而且如果是将"国代"派向基础薄弱的国家轮岗，要有一些保护期，实行特殊考核政策，不能还是采用一样的考核财务指标和权重。

比如华为是轮岗执行得比较好的企业，"国代"也会轮岗，大概是从3年为期限。特殊情况下，"国代"也有任期超过3年的。这些外派的"国代"真正成为了业务管理者，跳出了语言、资源、关系等条件的限制。虽然大家都愿意去发达国家，但是公司也有相应的政策鼓励"国代"去开拓性国家轮岗，为去开拓性国家的"国代"设置更多的过程性指标而非财务指标。

海外人才推荐

要解决外部输送管道的问题，难度很大。这里我建议可以参考拉斯洛·博克（Laszlo Bock）在《重新定义团队》中提出的Google的做法，即内部员工推荐。

我曾经经历过两次公司大规模引进高管人才的过程，高管人才又带来了其原公司的一些员工，但这两次基本上以失败而告终：大部分人离职，老人越来越少。在招聘TOP Sales的政策要求下，公司通过对外招聘、猎头推荐等方式，招聘了几轮外籍人员，但绝大多数人员并没有做出应有的贡献，与投入并不相符。公司一直在招聘，但一直找不到合适的候选人，勉强进入的基本上不大行，团队一直处于动荡之中。业绩一直还是依靠原来几个老客户和老员工支撑，而他们的薪资反而不高。

在外部输送管道上，针对初创期的团队建设，我也比较认可推荐的方式。我认为应相信六度理论（你和任何一个陌生人之间所间隔的人不会超过六个），鼓励员工推荐。同为员工推荐的人一般相对比较靠谱，也更能适应公司的文化。当然也可以从代理商那里寻找候选人，或者让代理商推荐。

我建议不要太依赖于外部招聘渠道，而是要建立内部数据库，自行管理候选人。可针对所有公司面试过的、想招的、投过简历的候选人，建立数据库，要包括当时的评价，因为这些人当时可能不合适，但是之后也许就合适了。当然也要包括从公司主动离职的人员，是否考虑可以让他们重新回来。

拉斯洛·博克（Laszlo Bock）在《重新定义团队》中说，通过内部研发的应聘者数据库gHire，辅以多种强化工具对应聘者进行筛选和跟踪，经过一段时间甚至数年，数百名杰出的招聘人员发现并培养出了这些优秀的个体。

海外人才盘点

要解决外部优化管道的问题，就要坚持优胜劣汰，营造相对公平的环境，而公平的核心是投入产出的平衡，即将投入产出作为人力盘点的核心，并基于盘点结果进行优化和调整。这其中第一要加大对绩优员工的投入，第二要坚决优化低绩效员工。

拉斯洛·博克（Laszlo Bock）在《重新定义团队》中提出幂律分布，10%的产出来自最顶尖1%的员工，26%的产出来自最顶尖5%的员工。换言之，最顶尖1%的员工的产出是平均产出的10倍，最顶尖5%的员工的产出是平均产出的4倍多。公司应该舍得给顶尖的5%的员工丰厚的薪资，尤其是这些顶尖员工还是老员工时。不能仅将大量的资金用在新招聘的外部人员上。

表6-1是投入产出盘点模型，通过该模型可评估销售人员在组织贡献方面的排序。

表 6-1 销售人员投入产出模型

盘点维度	指标类型	指标名称	指标计算公式	权重
绩效产出	历史业绩贡献	规模贡献 实际签单贡献率 实际回款贡献率	个人实际签单/参与盘点人员人均实际签单 ×30% + 个人实际回款/参与盘点人员人均实际回款 ×70%	30%
		达成贡献 签单达成贡献率 回款达成贡献率	个人签单达成率/参与盘点人员人均签单达成率 ×30% + 个人回款达成率/参与盘点人员人均回款达成率 ×70%	20%
		增长贡献 签单增长贡献率 回款增长贡献率	个人签单增长率/参与盘点人员人均签单增长率 ×30% + 个人回款增长率/参与盘点人员人均回款增长率 ×70%	20%
	未来业务潜力（土地肥力）	项目水库金额贡献	个人实际项目水库总金额/参与盘点人员人均水库金额 ×100%	20%
		项目水库数量贡献	个人实际项目水库数量/参与盘点人员人均水库数量 ×100%	10%
成本投入	人力成本	人力成本投入	个人人力成本/参与盘点人员人均人力成本 ×100%	65%
	直接费用	直接费用投入	个人直接费用/参与盘点人员人均直接费用 ×100%	35%

通过盘点，可以将员工分为如下 5 种类型。第一和第二类都属于高绩效员工，其产出高于投入。这其中可能部分是老员工或子弟兵，他们一直在公司工作，能够存活下来，一般业绩都还不错。第三类属于中绩效员工，其投入产出均衡，这里面包括新员工、外部招聘的比较成功的销售、中规中矩的销售人员。第四类和第五类属于低绩效员工。第四类员工投入高于产出，需要分析原因，激活员工的积极性，使其向合格员工转化。如果其长期无法提升产出，就变成不合格员工，需要进行淘汰优化。第五类往往都是外部招聘的不成功的 TOP Sales。招聘时面试官的判断与员工的实际情况不符，要尽快对这些员工进行淘汰优化，不能

以任何理由进行无限期拖延。图6-1和表6-2分别为销售人员投入产出模型和评估结果。

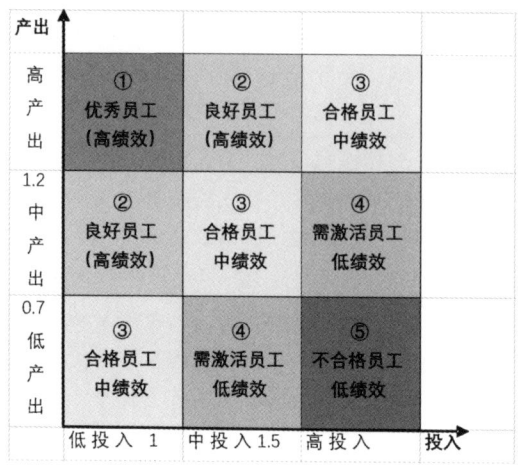

图6-1 销售人员投入产出模型图

表6-2 销售人员投入产出评估结果

位置	说明	绩效定义
①	优秀员工，产出高，投入低于平均	高绩效
②	良好员工，产出高于投入	高绩效
③	合格员工，投入产出均衡的员工	中绩效
④	需要激活的员工，投入高于产出	低绩效
⑤	绩效不合格员工，投入高于1.5，产出低	低绩效

四、为什么要重视产品营销思维

我经常听到老板们开会讲要有产品思维，或者讲某某销售单位最大的问题就是没有产品思维。什么是产品思维，怎么样才算是有了产品思维，产品思维都包括哪些内容，本部分尝试回答这些问题。当然产品思维涉及的范畴太大，我们只聚焦在营销层面，称为产品营销思维。

概念的澄清

现在谈的比较多的是什么思维？比如，机会型思维就是做一单是一单，碰运气，是部分机会型小代理的模式；项目型思维关注的都是一个个项目，是系统集成商的模式；缺乏持续思维，即守住手里这点客户资源或项目，过完今年再说，也就是部分关系型小代理的模式。

我们想要的是什么思维？关注我们的产品价值，匹配或者引导客户的需求，让客户认可我们的产品价值，这是产品主导思维；挖掘或者寻找客户需求，并为客户带来价值，实现利润，即以客户为中心的思维。这两者的落脚点都是利润，如果做个单子就要求公司亏损，就肯定不是我们想要的思维。

传统的市场营销理论其实应该是第一种思维，即产品主导思维。再次引用杰克·韦尔奇（Jack Welch）的5P理论：合适的产品（Product）、渠道（Place）、价格（Price）、市场推广方式（Promotional Messaging）、营销团队（People），这其实是围绕产品开展营销工作，用合适的团队通过合适的通路以合适的价格把产品销售出去。

苹果公司（Apple）是典型的产品主导思维企业，史蒂夫·乔布斯（Steve Jobs）就是苹果公司的产品经理。《史蒂夫·乔布斯传》中提到，乔布斯从来不做用户调研，因为市场调研只能反映现状，而不是预测未来。他说"消费者并不知道自己需要什么"，虽然这种说法有些夸张，但反映了典型的产品主导思维。

即使现在的互联网企业，比如Google，其文化也以产品为核心。两位创始人拉里·佩奇（Larry Page）和谢尔盖·布林（Sergey Brin）本质上都是产品经理。在Google，产品经理具有很高的地位，鼓励产品创新。我们可以想起很多Google的成功产品，比如Google的旗舰广告产品，也是其主要收入来源，由AdWords提供"按点击付费"的广告服务；最流行的移动操作系统Android。Google的产品还包括世界主导性网络浏览器（Chrome）、谷歌邮箱（Gmail）、谷歌地图（Google

Maps)、谷歌地球（Google Earth）等。只有产品的成功才能创造商业的成功。

"出海"靠什么

中国企业"出海"成功靠什么？一是商业模式的成功；二是产品的竞争能力；三是投资并购。

商业模式成功，比如 SheIn，中文名希音。这是一家中国公司，总部在南京，主营业务是跨境女装电商，销售市场都在国外。2021 年希音的销售额超过 1 000 亿元人民币，目前估值为 500 亿美元。希音公司网站一开始就面向海外市场，定位是 25 岁的女性群体，只做婚纱这一款产品。通过婚纱赚到第一桶金之后，希音开始扩充品类，但不是随意扩充，而是跟着目标人群的需求扩充。从结婚时要穿的婚纱，到婚前、婚后的女装，从婚纱到裙装，再到后面的上装、下装，产品上架快、款式多、库存灵活，其商业模式是：通过极致供应链，打造出性价比高的产品，极大程度满足消费者的需求。

克莱顿·克里斯坦（Clayton M. Christensen）在《创新者的窘境》中说，大部分颠覆都发生在一家利用新兴技术带来廉价产品，并满足未来或未饱和的顾客需求或利基市场的创业公司。关键并不是颠覆性的产品，而是新的商业模式对原有势力的改革。

产品具有竞争力的公司，比如大疆。大疆是全球消费级航拍无人机的领导企业，其产品线覆盖无人机飞行控制系统、专业影视航拍平台、顶级商用云台系统、专业级无线遥控和成像终端等高科技产品，拥有全球消费级无人机超过七成的市场份额。大疆的核心竞争力是把同类产品的价格做得更低，其理念是将无人机从贵族产品变成大众产品，激活更大规模的消费群体。

华为之所以能够在很多发达国家取得成功，并非因其具有狼性文化和突出的销售能力，而是因为其产品竞争力强。华为在欧洲等发达国家市场的成功，主要得益于两大架构式的颠覆性产品创新：一是分布式基站，二是 SingleRAN（一体化基站建网理念和解决方案）。这两个产品大大降低了客户的运营成本，提升了客户的市场竞争力，甚至能够影响到客户的生存。

投资并购在"如何利用并购合资这种开拓模式"中已有讨论，此处不再重复。补充一点，投资并购可能有时候可以作为产品营销思维的补充，通过投资并购可带来更多有竞争力的产品，比如 Google 收购 YouTube 就是如此。

几个产品营销思维

1. 基于产品

我一直强调卖产品的要懂产品。作为"国代"，我认为其第一职责就是产品营销，要了解产品。这种了解倒不至于一定要了解技术的细节，但是对产品的定位、差异点、独特优势、存在的问题等要有一定的了解。当然对于比较完善的组织或针对大客户，会设置 CPM（Customer Product Manager，客户产品经理）。CPM 应深入了解客户需求，基于客户需求推荐产品，甚至基于客户需求定制产品。如果没有 CPM，一般 FAE（Field Application Engineer，技术支持工程师）要承担这个职能。

从整个市场层面来讲，应了解该市场的主流产品是什么，利基市场和产品是什么；在目标行业市场，竞争对手主推的是什么，我们的优势产品是什么，差异化产品是什么，针对行业的特殊方案有什么。此外，还应了解产品大概的路线图（Roadmap）、上市和退市的时间点等。

2. 价格管理

前面举了两个"出海"的成功例子，其实都离不开价格，当然价格管理并不是都打低价。所谓价格管理，即总结报价规律，以合理的价格水平赢取项目。平时基于经验自行报价，积累对不同报价水平的反馈，针对比较靠谱的项目，在需要申请特价的时候去申请特价。目标价并不全是靠特殊通道打探到的，而是通过一次次报价去试探，以及不断跟渠道和客户沟通获取的。

这个自行报价跟授权有一定的关系，但是授权解决不了问题，因为不同公司的价格管理方式不同。有的公司会把"成本"给到前端，这是完全授权；有的公司是给个列表价（或叫提货价），在这个基础上下浮多少就要靠经验，而不是靠授权。没有经验的积累，给你授权，你也不知道报多少，你不可能每次都报到底。如果你有经验的积累，没有授权，也照样可以报价，因为你总结出了公司可以承受的水平。

"国代"要管理价格，这是我要求的原则。我负责海外业务时，给"国代"规定的一个核心职责，就是价格管理。

3. 以营带销

以营带销，营是什么？如果是营销，这个范畴太大，职责说不清楚，好像什么都归营销管。在一个组织里面，营销的职责分工很细，有市场推广部、渠道管理部、销售管理部、产品管理部，销售又有直线管理上级。那营销管什么呢？

营销是关于企业如何发现、创造和交付价值以满足一定目标市场的需求，同时获取利润的过程。营和销是企业的经营根本，是整个企业的职责。

借助 5P 理论，我倾向于把一个职责界定的范围变小一些，即把"营"界定为市场推广方式（Promotional Messaging），包括传统的展会、样板、活动、软文、网站、协会，也包括新型的社区、粉丝、网红、大咖、短视频、社交网站等。比如大疆擅长用网红和社区，华为不惜代价参加各种展会和建立实验局。在一个国家怎么推广产品，这是产品营销需要考虑的问题。

4. 持续经营

单独提出这个是为了与项目思维相区分，也是为了与短视行为相区分。我们并不是说项目思维不好，而是说其可能缺少了持续性和整体性，只是在关注一个个项目。今年是这个项目，不知道明年是哪个项目；现在客户有这个项目,不知道全年客户需求是什么;有项目就做客户,没有项目就不知道客户在哪里;有项目就合作,没有项目就很少联系。

持续经营有几点需要注意:围绕指名客户并持续经营指名客户;选择适合的渠道并持续培育渠道;保持对市场的敏感性以及时抓住趋势和机会;以点带面,具有行业复制思维;坚持从单个客户到整个行业的发展路径;坚持对人员的持续培养,与"空降兵"配合。

产品营销思维涉及的内容很多,以上可能只是几个比较突出的问题,其他方面还包括市场策划(市场和对手分析)、客户经营(需求挖掘、过程管理和持续提升)、渠道培育(从哪里找、如何培育和持续合作)等。

五、如何对海外组织进行变革

之所以要提到这个主题,是因为我曾经经历过销售组织的频繁动荡,颇有感触。一些中国企业"出海"一定层面上并没有做好心理准备,以为在中国成功了,就可以全世界复制中国的经验,在国外也没有理由不成功。而一旦业务受挫,出现巨幅亏损,组织就会频繁调整,包括组织架构、人员设置、管理方式等。

这些调整的实施,大多是通过外部招聘的人员来推进。业务不顺,我们第一个反应就是公司这些人不行,没有国际化视野,缺乏国际化能力,需要从外部招聘高人。新人来了后一通折腾,复制其原来公司的做法,折腾上几年,发现依然不行,不仅人折腾没了,能力也没有建立起来。最后的结果是一个销售组织没有文化,没有稳定的战略,没有方法积累,没有持续性的管理方式,甚至连客户档案都没有积累下来。

变革的原则

销售组织绩效不行,需要变革,但是必须把握变革的几个原则。

1. 变什么

我们先说哪些方面不能变。第一是组织文化不能变，客户导向的文化不能变，以奋斗者为本的价值观不能变，从上到下各级的诚信不能变，实事求是的做事风格不能变。第二是管理的基本原则不能变，以业绩导向、不让"雷锋"吃亏的原则不能变，权责对应的组织设计原则不能变。第三是战略方向和策略不能变，业务发展的方向和目标是什么、坚持的策略是什么、适用的模式是什么、总结的方法是什么、成功的经验是什么、沉淀的能力是什么，这些都不能推倒重来，要螺旋式地提升。

所谓螺旋式地提升，就是在总结基础上进行更新升级、继往开来，既不能全盘否定，更不能墨守成规，要警惕管理的悖论。克莱顿·克里斯坦森（Clayton M. Christensen）在《创新者的窘境》中提出了管理悖论，良好的管理正是导致上述以管理卓越著称的企业未能保持其领先地位的最主要原因。

总结起来，对于各种流程、模板、步骤、工具等以经验和技巧为基础的管理方法，需要以开放的心态学习和借鉴，并不断提升和优化；对于策略、能力、模式、方法等以自身实践为基础的沉淀和总结，必须坚持实践出真知的原则，不能到处学习借鉴，要螺旋式地总结提升；对于文化、原则、方向等根本性的组织属性，要坚持一贯性，不能随便变革，来个人就喊个新口号、画个新图腾，是一种不懂管理的幼稚行为。

2. 谁来推动变革

华夏基石苗兆光博士在《有一种变革叫向死而生》（选自彭剑锋等选编的《经验的末日：不确定时代的管理熵变》）中说，华为每年要拿出总销售收入的3%用于企业变革，早期，它的投入多数用于请咨询公司等，利用外部力量帮助企业推动变革。现在，它每年会从内部各个领域找出最优秀的业务管理人员，让他们从现有的岗位上跳出来，去寻找企业内部的不适应之处，并推动一些变革。只有那些知道问题在哪里、对现实有感受和体验的人，才能推动变革的成功。

这是一条很重要的原则：人是决定变革成败的根本因素。这条原则就是，让有实际操作经验的人去负责变革（当然必须赋予相应的权力），不是频繁学习外部，也不是希望外来的和尚来变革，更不是完全按照领导的想法或设想去变革。高层领导通过会议了解的信息一定是经过加工的、变形的、与实际情况存在差异的信息，而且如果一个组织形成了粉饰太平、炫耀成绩，甚至自吹自擂的文化，这种汇报信息与实际的差距就会更大，甚至与实际完全不相符。

如果我们要推动所有国家发展分销压货，这是一种销售模式的变革或实践，出发点就是中国成功的分销模式。如果其能够在一些国家推行成功，将会有效释放我们前端销售在零售项目的精力、增加市场覆盖、提升利润水平。在推行之前，需要进行充分的调研，并让销售负责人就目标国家市场是否有压货的分销商，都有哪些品牌在执行压货，哪个新厂商尝试过压货，效果如何等问题进行研讨。此外，应调研我们在各个国家的销售模式是什么，面临的任务以及在此任务的压力下，"国代"的选择是什么，会如何选择销售模式，如何配置人员。应基于这些调研和研讨，让实际做过业务的人参与业务模式的设计和变革。

螺旋式变革模型

苟特·勒温（Kurt Lewin）认为成功的组织变革应该遵循以下三个步骤：解冻（Unfreezing）现状，变革（Changing）移动到新状态，重新冻结（Refreezing）新变革使之持久。勒温的组织变革模型奠定了组织变革理论研究的基础，形成组织变革的典型模型，即选取有缺陷的组织，让它通过艰难的过渡阶段，最终沉积于富足的理想状态。

图6-2是组织螺旋式变革模型，在这个模型中，包括三个阶段，即破冰、提升、沉淀。

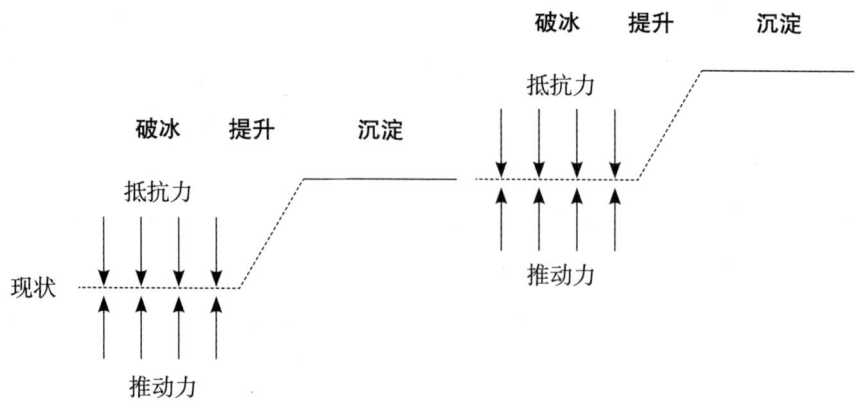

图 6-2 组织螺旋式变革模型图

破冰是最难的阶段。从哪里入手，有原则可以遵循。华夏基石苗兆光博士还说，变革一定要从那些最容易产生成果、最容易产生绩效的领域入手，让组织在短期内看到里程碑式的成功，使企业里所有的人都能看到企业变革阶段性的胜利。我很认同这个思路，这就是抓手。我们想要推行一个销售模式或人员配置方式，可以从一个销售单位开始。应该在一个国家成功了，再去全球推广，如果没有搞清楚是否能行就在全球推广是不可行的。如果一个团队战斗力不行，那么可以先换个关键岗位看看效果，但是这个岗位要具有一定的自主性和影响力，如果"国代"不行，那么下面的人无论怎么换都很难会有效果。如果业务运营混乱，就应该先把商务问题理顺，如报价、订单、交付等。如果这些琐碎的事情理顺了，就很容易释放出精力，看清其他问题的症结。

提升可通过总结新的实践、引进新的人才、学习新的方法、借鉴新的思想，以及人员能力的升华，在原有基础上进行，提升过程中输入的能量既有来自内部的，也有来自外部的。对于来自外部的输入，如果把握不住哪些是不能变的，没有螺旋式变革的思想，很容易本末倒置，出现到处学习，最后什么也学不会的结果。对于这个问题，要牢牢把握上面谈的两条原则，即变什么和谁来变，以及坚持变什么里面提到的必须实践出真知的原则。

沉淀就是螺旋式变革的结果，即在原有经验基础上进行升华，在原有方法基础上进行提炼，在原有能力基础上进行优化，形成更加符合实际的方法论。沉淀意味着培养了干部，建立了梯队，打造了团队，巩固了文化。沉淀的东西要固化下来，这也是难点，即有了经验、方法、能力，如何固化并在组织内部推广。这要有几个方面的前提：第一，人不能频繁更换，固化的东西才能传承和落实；第二，管理方法不能频繁更换，只有管理方法具有一定的稳定性，经验方法才能在具体管理中不断优化贯彻；第三，信息化系统和工具应不断优化。

组织变革的三个方法

1. 换血

与换血对应的变革方法，包括休克疗法、推倒重来、涅槃重生、脱胎换骨等，也就是公司跟原来完全不一样了。一个组织如果烂到不可救药的程度，一般其会寄希望于换血变革。但是从实际的情况来看，无论是大型组织，还是一个小型的团队，失败的案例更多。

2. 输血

输血一定是一个缓慢的过程。输血的方式包括学习借鉴、引进人才，相对较为温和。输血一般从一个点出发，逐渐去渗透、影响一个组织，局面一般不会失控，当然，把握输血的难度也很大。

3. 造血

造血就是组织自己培育和培养，相关的方式包括潜心培养、挖掘潜力、内部再生、经验总结等。造血主要靠内部的学习、总结来促进组织的变革和提升，这种方式的可靠性更高，员工忠诚度也更高。

换血模式如果使用不当，会对组织带来毁灭性的打击。除非组织已经无可救药，或者要建立新的相对独立的业务，否则，换血模式一定要谨慎使用。输血和造血往往会被结合在一起使用，在组织发展初期，以输血为主，造血为辅，当组织成熟时，往往以造血为主，输血为辅。前面讲到的螺旋式变革模型，主要是输血与造血的结合。

再回到根本

无论如何进行螺旋式的变革，我们都要秉持根本性的东西。这里借用几位管理学家的话去重复论述一些根本性的原则，否则不断出现的概念会让我们迷失方向，变得无所适从。

大卫·克雷普斯（David Kreps）在1990年发表的文章《企业文化和经济学理论》中说，建立企业文化的关键在于公司建立作为一个可信任的雇主的名声。企业文化的难处在于，不仅仅公司高层要恪守承诺，而且要教育公司所有的上级在面对下级的时候都恪守承诺，包括各种明言的、暗示的承诺，摒弃眼前短期利益的机会主义行为。

所以，组织文化是组织要坚持的根本，文化的核心就是诚信，即在会议上开会说的话，跟在走廊上或办公室里面私下说的话要一样。

陈春花教授说过，组织结构所要解决的就是权力与责任关系是否匹配的问题，只有在匹配的权力和责任的关系中，组织管理才会发挥作用。

所以，组织架构无论怎么变革，权责对应的要求都不变。

肖知兴教授说过，很多人一说起学管理，脑子里出现的肯定是各种流程图、线路图，各种表格、步骤，其实那些以技巧为基础的能力，在从实践知识到实践的过程中，扮演的角色没么重要，更重要的是以道德为基础的能力，或者说是以价值观为基础的能力，没有这种能力，那些令人眼花缭乱的能力，再多都是白搭。

所以，组织管理无论怎么提升，如果没有价值观作为基础，都只是炫耀性的技巧，只是增加了一些岗位、部门和职能而已。这些基础的价值观包括诚信文化、实事求是、对知识资本的回报，以及以奋斗者为本等。

后 记

为现实而活，为梦想而生

工作之余我基本上每周或每两周写一篇文章，其实写每篇文章的用时并不长，因为不需要查阅太多的资料，也不需要与人进行探讨和论证，这些思想已印在我的脑海中，只是用文字表达出来而已。

我的文章一开始只发表在个人公众号上，没有计划成书出版。某天有位朋友提到："郑总，我觉得你可以出一本书了"，才有了出版计划。随后，我将所有文章按照体系进行整理，并尽量体现出一定的逻辑性。起初我只是写了一篇篇零散的文章，没有太多考虑文章之间的关系，所以在逻辑上肯定存在欠缺。文章很多是基于工作实践的思考，虽然学习借鉴了很多管理大师的理论思想，但是自身理论高度不够。这些都是本书的不足之处。

本书全部基于自身工作实践。我向过去的自己学习，向别人学习，也参阅了其他公司的海外发展历程，向其他公司学习，在学习中提炼，期望能够形成指导未来的方法论。当然由于涉密原因，本书没有太多生动的故事，不涉及任何具体的人、客户和事件。本书所有不提名的举例都经过了二次加工，切勿对号入座。

此篇后记主要是站在个人角度的思考，借用浙商"四千"精神，即走遍千山万水、说尽千言万语、想尽千方百计、吃尽千辛万苦。驻外是心理的一种煎熬，个人和家庭都要付出很多代价。企业要考虑员工对海外业务的付出和贡献，要考虑员工个人生活问题，要在薪金发放和税收安排上出具专业且合规的意见，消除员工的后顾之忧。只有解决了这些问题，才能释放人才潜力，海外团队才能后继有人。

为现实而活——关于发薪、个税和社保

我们奔向海外，是为了工作，为了事业，为了家庭，为了生活。其实为了什么已经不重要，也许只是为了现实而活。

这让我想起一个政策差异，对于派驻海外的员工，有的公司会给予其生活补贴，是为了弥补生活水平的差距。有的公司会给予这些员工离家补助，"离家"二字是考虑其由于离开家庭，无法照顾家庭，无法与家庭团聚，故给予其精神补偿，这个前提是承认员工的个人生活，并为其生活质量的降低给予一定补偿。这是两种思维模式。

除了补贴的金额，还有薪金发放模式、个税申报、社保缴纳等问题。是两边发薪，还是只在派驻国发薪，两边个税重复缴纳问题如何解决，在中国是否需要报税，两边社保重复缴纳问题如何解决，境外社保对国内个人所得税有什么影响，离开派驻国是否可以退还社保，这些问题都需要解决。我自身经历的国家有限，而且这个问题比较专业，故以下我主要参考了北京税海之星税务咨询有限责任公司总经理梁红星的文章。

中方派驻海外员工的发薪和个税问题。由于中方外派员工在中国境内的实际生活要求（如家庭支出、子女教育、养老、住房等）和相关社保连续缴纳的规定，以及买车购房资格对个税缴纳的要求，外派员工在中国一般仍然发放一部分工资，缴纳中国的五险一金，并由企业履行在中国境内申报和代扣代缴个税的义务。派驻地国家也对其发放部分薪水，在当地申报并代扣代缴外派员工的个人所得税，并按照当地的社保规定要求，缴纳相应的各项社保。境外个税和社保很多都是由公司统一承担。这就存在双重征税和个税稽查的风险。

中国的个税按照属人原则确立税收管辖权，主要依据是"住所"的特定判断标准。根据中国《个人所得税法实施条例》第二条规定："在中国境内有住所，是指因户籍、家庭、经济利益关系而在中国境内习惯性居住。"因此，中国居民个人在中国负有全球纳税义务，应就其境内外收入在中国最终申报个税（企业要统一安排专业财税人员进行个税年终汇算清缴）。中国外派境外个人从派驻国取得的工薪所得，准予其在应纳税额中扣除已在境外缴纳的个人所得税税额，但扣除额不得超过该纳税人境外所得依照我国税法规定计算的应纳税额。一般来说，税收范本及双边税收协定约定，来源地（劳务发生地）管辖权优先于居民管辖权。

而两边发薪的模式，在派驻地国家会受到当地税务机关的补税审查，甚至会招致大额罚款和滞纳金风险。通过与中国相关机构互换情报和信息，派驻地国家可以根据中方外派员工在中国发放工资水平或合并在中国境内实际发放的工薪，确定中方外派员工在派驻国的个税应纳税所得额，进而补税，甚至罚款和课征滞纳金。甚至对于中方外派员工享受的各项免费附加福利，应要求货币化和市场化的计量，即参考相关当地的市场金额水平（如公司提供的公寓参考当地房屋租赁价格），调增工薪，进而补税。

针对以上问题，就需要在派驻国本地尽可能多发放薪资，将福利现金化，费用报销本地化，在企业所得税前扣除。在中国除了五险一金，应尽可能少发放薪资，而且在中国要统一申报个税。相比中国税负，当地高出部分的个税税负（假设税-hypothetical tax）也应由企业承担。

针对社保的缴纳，也要仔细筹划，否则会加重企业和个人的负担。根据中国个人所得税法和相关规定，若由中国外派单位在中国境内承担或支付境外相关社保费用（如商业保险），则需要并入外派人员的工薪所得，一并缴纳个人所得税。企业缴纳境外的各类社保，也不允许在企业所得税前扣除。这样除了双重缴纳问题，还存在增加个人所得税的问题。

中国人力资源和社会保障部已与30多个国家对口部门签署了近50

份双边合作协议，其中中国与德国、韩国、丹麦、芬兰、加拿大、瑞士、荷兰、法国、西班牙、卢森堡，日本和塞尔维亚等12个国家签署了双边社保协定。在与中国签订了双边社保协定的国家，中国外派员工适用相互免除缴纳相关社会保险费的优惠待遇。

根据中国与德国签订的双边社保协定，在德国法定的养老保险费、失业保险费，中方外派员工可申请免于缴纳。根据中国与日本签订的双边社保协定，中国派遣人员首次申请免除缴纳相关社保费期限最长为5年。如果派遣期限超过5年，则需再次申请，经中日双方主管机关或经办机构同意，免除缴费期限可予以延长。英国对短期外派外籍的社保进行豁免，符合条件的外派人员在英国工作少于52周的，可以免予缴纳英国社保（UK NICs）。中国和瑞士签订的双边社保协定还包含了社保费用的返还条款，即离开该国且不在该国继续工作时可以申请返还，日本也可以返还部分社保。

个人所得税和社保税的筹划，又涉及本地机构的企业利润和企业所得税的筹划，非常复杂，所以外派员工薪资发放模式、税费和社保安排等是一个非常专业的领域，不是简单算算每天补贴多少钱就能解决的事情。

为梦想而生——献给一位离世的朋友

此书也献给我一位已经离世的朋友，前面所述的出书建议就是他提的。

他是我招聘的第一任日本"国代"。他没有做过销售，只是以前在日本做过软件外包的项目管理。我已经记不清当时我为什么招聘他，可能是因为他留着较长的头发，很白净，很干练，也很有灵气，谈吐逻辑很清晰，且有自己的分析和见解。

后来事实证明，我当时的判断是对的：他虽然没有销售经验，但是很适合做销售。从结果上看，他只用了1年多的时间，就在日本实现了100多万美元的突破，发展了一个关键的合作伙伴，并让一些圈内的渠道知道了我们公司。现在看这个金额很小，但在当时的情况下这很不容易。当时做销售业务，我们只有2款自研产品，没有售后，没有售前，没有品牌知名度，没有推广，公司也没有支持部门和流程。我们两个去出差拜访合作伙伴，我用英语介绍产品，他用日语让合作伙伴相信我们的优势，并说服合作伙伴测试我们的产品或者来中国参观我们公司。

他之所以业务能做成功，是因为他的睿智和自信。"我相信我们一定能够做出来"，这是他经常说的话。他能很快找到业务的突破点，客观分析突破业务的路径和方法。他知道找谁合作可以产单，会客观评估对方的潜力和价值。后来他去了一家交换机厂商做日本"国代"，只用了2~3年时间就打开了日本市场，足可见他在业务方面的能力。他说："做事情能成功，靠的是人，而不是吹牛！一群靠谱的人干一件靠谱的事。"

虽然2015年由于我们业务模式调整，无法长期驻外，他离开了我的团队，但是我们依然保持了很好的关系，每年都会有几次交流。每次聚会我都会怀念我们一起开拓海外的日子。我们有一个小团队，分别负责不同的国家，为在一个个国家取得突破和订单而兴奋不已。在那2~3年的开拓期，大家都很投入，对这份事业有梦想，畅想着把海外业务规模做大。

我前同事说那是一个"最好的时期"，因为有梦想有冲劲。那时我喜欢水木年华的《为梦而生》，"为梦而生，一生为梦而活着，我不要无所谓地存在过。命运就像，汪洋的海，推着我们，去未来，现实给我，太多无奈，有时忘了为何活下来。压抑在心里的那一种莫名感动，在深夜里一遍遍敲打我的灵魂。"

他一直致力于中国科技产品在日本市场的开拓，可以说他为海外事业贡献了短暂的一生。人固然生死有命，但是他一个人在日本离去的时候，身边没有亲人，他的双亲和小女儿无法最后见他一面。后来我带着几个朋友一起去他老家，他的老母亲依然无法面对他的故去，老人对于没有见儿子最后一面仍耿耿于怀，悲切难鸣。

一切都过去了。当初的一切，无论是成功的欢喜、面对压力的焦虑，还是无谓的紧张、没用的抱怨，终已过去，且不会再来，人生就是一场单程体验！

  本书的各种思考不是公理，仁者见仁智者见智，欢迎探讨。您可发送邮件至 zhengzubo@163.com，或添加微信号 abelzzb 与我沟通，也欢迎关注我的个人公众号"读书有摘"。

致　谢

　　本书源于工作实践，所以要感谢我所在的公司平台，是平台让我有机会亲身体验海外业务的发展历程。无论是喜是悲，是感激还是抱怨，所有经历都是财富。本书提到了各种海外发展的问题，也并非仅仅是我所工作的平台的问题，大多企业"出海"都会碰到，具有一定的共性。另外，之所以会揭示一些问题，并非是因为我所工作的平台海外业务发展得不好，其实我们在一些国家做得很成功，可以作为其他企业海外业务的参考。

　　感谢我曾经以及还在共事的领导和同事。我从领导身上学到了很多实用的思想，本书有些思想也是受到了领导的启发。与同事之间思想的碰撞，也让我厘清了思路。虽然我和同事们有些想法和理念不一致，但我们之间不存在任何歧视和贬低，因为观点分歧和差异才是创新的源泉。

　　感谢我们海外的合作伙伴和客户，他们是我思想的试验田和发源地，所有业务的思考都是基于一次次合作，一个个项目。成功和失败交织，喜悦和泪水同在。我自己尝试了很多模式，也从同事的分享中学习了很多模式，在此向所有的合作伙伴和客户致以由衷的感谢。

　　因自知本书水平有限，我对于找人作序心存忐忑，在此向我母校的老师表示感谢。山东大学和厦门大学都是我的母校，我联系了我的老师们，希望他们能够给予指导和建议。我的两位老师都欣然同意，不吝赐教，并拨冗作序，所作序言按照我上学时间排序。感谢山东大学王德胜教授，王教授是我本科阶段的老师；感谢厦门大学林志杨教授，林教授是我研究生阶段的老师。

在朋友的介绍下，本书也获得了前任联合国开发计划署驻华代表处经济专家郑元的支持。郑元博士愿意为本书作序，所作序言高屋建瓴，直接提升到了中国企业在境外可持续发展的层面。

感谢立信会计出版社出版本书，这个选题比较窄，但是我依然相信中国企业走出去是个大趋势，期望本书对其他企业有所借鉴。感谢出版社编辑审核校对书稿。

最后感谢我太太协助修订文稿，并支持这本书的出版。感谢我的儿子，他为本书的各章设计了插图，虽然设计很简单，但是插图基本上表达出了各章标题的大意。

英文术语表

1. 3C：Customer（客户）、Competitor（对手）、Company（自身）
2. 5P：Product（产品）、Place（渠道）、Price（价格）、Promotional messaging（市场推广）、People（营销团队）
3. AI：Artificial Intelligence 人工智能
4. BPA：Business Process Architecture 业务流程架构
5. BP：Business Plan 年度经营计划
6. BT&IT：Business Transformation/Information Technology 业务转型和 IT 信息系统
7. Bug：故障，程序错误
8. CPM：Customer Product Manager 客户产品经理
9. CRM：Customer Relationship Management 客户关系管理
10. CSP：Cloud Service Provider 云服务提供商
11. CSR：Communication（沟通）、Service（服务）、Research（调研）
12. CXO：CEO、CTO、CIO 等高层领导的统称
13. Demo：用于演示、展示的样品、原型
14. DSR：Distribution Sales Report 分销销售报告
15. FABE：Features（特征）、Advantages（优势）、Benefits（利益）、Evidence（证据）
16. FAE：Field Application Engineer 技术支持工程师、售前售后工程师
17. Firmware：固件，指设备内部保存的设备"驱动程序"

18. Fulfill：即给分销的甩单，俗称"喂单"
19. HPC：High Performance Computing 高性能计算
20. HRBP：Human Resource Business Partner 人力资源业务合作伙伴，即协助业务部门进行人力资源管理的人员
21. HR：Human Resource 人力资源
22. Hub：集线器，中心
23. ICT：Information and Communication Technology 信息与通信技术
24. IC 芯片：Integrated Circuit Chip 集成电路芯片
25. IPD：Idea to Market 思想到市场，产品开发流程
26. ISV：Independent Software Vendor 独立软件开发商
27. JDM：Joint Design Manufacturer 联合设计制造
28. Know-how：专门知识，技术诀窍
29. KPI：Key Performance Indicator 关键绩效指标
30. L11：将设备安装到机柜里面，实现整机柜交付
31. L6：一般指不含处理器、硬盘、内存、网卡等部件的设备
32. LTC：Lead to Cash 线索到回款
33. MBO：Management by Objective 目标管理
34. NBD：Next Business Day 下个工作日上门服务
35. NRE：Non-Recurring Engineering 一次性工程费用，基于客户需求定制开发
36. ODM：Original Design Manufacturer 原始设计制造商，从设计到制造，俗称"贴牌"
37. OEM：Original Equipment Manufacturer 原始设备制造商，俗称"代工"
38. Offering：供应品，即营销内容，包括资料或工具
39. OKR：Objectives and Key Results 目标和关键成果
40. Owner：所有者，负责人
41. PCC：Projects（项目）、Customers（客户）、Channel（渠道）
42. PDCA：计划（Plan）、实施（Do）、检查（Check）、处理（Act）的首字母组合
43. PEST：Politics（政治）、Economy（经济）、Society（社会）、Technology（技术）

44. POC：Proof of Concept 概念验证测试

45. Program：激励项目

46. QBR：Quarter Business Review 季度业务会议

47. QTR：Quarter Technical Review 季度技术会议

48. RA：Reverse Auction 反向竞拍

49. Review：复盘，汇报，检查指导

50. RFP：Request for Proposal 提案要求

51. RMA：Return Material Authorization 即退料审查，处理不良产品退换货的主要流程

52. Roadmap：产品路标

53. Runrate（RR）：分销压货的流量业务

54. Sell in：向分销压货

55. Sell out：将压货销售出去

56. SI：System Integrator 系统集成商

57. SMB：Small Middle Business 中小型企业客户

58. SP：Strategic Plan 战略规划

59. SP：Strategy Partner 战略合作伙伴

60. STP：Segment（市场细分）、Target（目标市场）、Position（市场定位）

61. TCG：Trusted Computing Group 可信计算组织

62. ToB：To Business 面向企业提供服务

63. ToC：To Consumer 面向消费者

64. TOP Sales：超级销售

65. TPM：Trusted Platform Module 可信平台模块，一项安全密码处理器的国际标准

66. TSP：Telecom Service Provider 电信服务提供商

67. Turn Key：一体化交付模式，俗称"交钥匙"

68. VAR：Value Added Reseller 增值代理商

69. VUCA：乌卡时代，Volatile（易变）、Uncertain（不确定）、Complex（复杂）和 Ambiguous（模糊）

参考书目

[1] 埃里克·施密特（Eric Schmidt），乔纳森·罗森伯格（Jonathan Rosenberg），艾伦·伊格尔（Alan Eagle）．重新定义公司[M]．2版．靳婷婷，译．北京：中信出版集团，2021．

[2] 艾·里斯（Al Ries），杰克·特劳特（Jack Trout）．商战[M]．顾均辉译．北京：机械工业出版社，2016．

[3] 彼得·德鲁克（Peter F. Drucker）．管理的实践[M]．齐若兰，译．北京：机械工业出版社，2009．

[4] 彼得·德鲁克（Peter F. Drucker）．卓有成效的管理者[M]．许是祥，译．北京：机械工业出版社，2009．

[5] 彼得·蒂尔（Peter Thiel），布莱克·马斯特斯（Blake Masters）．从0到1[M]．高玉芳，译．北京：中信出版社，2022．

[6] 彼得·考夫曼（Peter D. Kaufman）．穷查理宝典：查理·芒格智慧箴言录[M]．李继宏等，译．北京：中信出版社，2021．

[7] 伯特·罗森布罗姆（Bert Rosenbloom）．营销渠道管理[M]．李乃和，奚俊芳，等，译．北京：机械工业出版社，2003．

[8] 陈攀峰．华为全球化[M]．杭州：浙江大学出版社，2020．

[9] 蒂姆·哈福德（Tim Harford）．混乱[M]．侯奕茜，译．北京：中信出版集团，2021．

[10] 黄继伟．华为内训[M]．北京：中国友谊出版社，2016．

[11] 黄兆华. 出海·征途[M]. 北京：人民邮电出版社，2020.

[12] 吉姆·柯林斯（Jim Conllins），杰里·波勒斯（Jerry Porras）. 基业长青[M]. 2版. 真如，译. 北京：中信出版社，2009.

[13] 简世勋（Stephen D. King）. 世界不是平的[M]. 于展，译. 北京：中信出版集团，2019.

[14] 杰克·韦尔奇（Jack Welch），苏茜·韦尔奇（Suzy Welch）. 商业的本质[M]. 蒋宗强，译. 北京：中信出版集团，2016.

[15] 杰克·韦尔奇（Jack Welch），苏茜·韦尔奇（Suzy Welch）. 赢[M]. 余江，玉书，译. 北京：中信出版社，2005.

[16] 克莱顿·克里斯坦（Clayton M. Christensen）. 创新者的窘境：领先企业如何被新兴企业颠覆[M]. 胡建桥，译. 北京：中信出版社，2020.

[17] 孔子. 论语[M]. 肖卫，译. 北京：中国文联出版社，2018.

[18] 拉姆·查兰（Ram Charan），斯蒂芬·德罗特（Stephen Drotter），詹姆斯·诺埃尔（James Noel）. 领导梯队：全面打造领导力驱动型公司[M]. 徐中，林嵩，雷静，译. 北京：机械工业出版社，2001.

[19] 拉斯洛·博克（Laszlo Bock）. 重新定义团队：谷歌如何工作[M]. 2版. 宋伟，译. 北京：中信出版集团，2021.

[20] 里德·霍夫曼（Reid Hoffman），本·卡斯诺查（Ben Casnocha），克里斯·叶（Chris Yeh）. 联盟[M]. 路蒙佳，译. 北京：中信出版社，2021.

[21] 理查德·保罗（Richard Paul），琳达·埃尔德（Linda Elder）. 思辨与立场[M]. 李小平，译. 北京：中国人民大学出版社，2021.

[22] 理查德·道金斯（Richard Dawkins）. 自私的基因[M]. 卢允中，张岱云，陈复加，等，译. 北京：中信出版集团，2022.

[23] 林超华. 任正非传[M]. 武汉：华中科技大学出版社，2019.

[24] 纳西姆·尼古拉斯·塔勒布（Nassim Nicholas Taleb）. 《反脆弱：从不确定性中获益[M]. 2版. 雨珂，译. 北京：中信出版集团，2022.

[25] 纳西姆·尼古拉斯·塔勒布（Nassim Nicholas Taleb）. 黑天鹅：如何应对不可预知的未来[M]. 万丹，译. 北京：中信出版社，2009.

[26] 彭剑锋，陈春花，田涛，等. 穿越周期：向企业的自发趋势说不[M]. 宋

劲松,选编.上海:中国出版集团东方出版中心,2020.

[27] 彭剑锋,陈春花,周其仁,等.经验的末日:不确定时代的管理熵变[M].宋劲松,选编.北京:中国计划出版社,2018.

[28] 萨利姆·伊斯梅尔(Salim Ismail),迈克尔·马隆(Michael S. Malone),尤里·范吉斯特(Yuri van Geest).指数型组织:打造独角兽公司的11个最强属性[M].苏健,译.杭州:浙江人民出版社,2020.

[29] 斯坦利·麦克里斯特尔(Stanley McChrystal),坦吐姆·科林斯(Tantum Collins),戴维·西尔弗曼(David Silverman),等.赋能[M].林爽喆,译.北京:中信出版社,2017.

[30] 托马斯·弗里德曼(Thomas L. Friedman).世界是平的[M].2版.何帆,肖莹莹,译.长沙:湖南科学技术出版社,2018.

[31] 沃尔特·艾萨克森(Walter Isaacson).史蒂夫·乔布斯传[M].延圻,魏群,余倩,等,译.北京:中信出版社,2014.

[32] 乌尔里希·森德勒(Ulrich Sendler).工业4.0:即将来袭的第四次工业革命[M].邓敏,李现民,译.北京:机械工业出版社,2014.

[33] 曾仕强.易经的智慧[M].西安:陕西师范大学出版社,2018.

[34] 周锡冰.华为国际化[M].北京:中信出版集团,2020.